中国法院2025年度案例

国家法官学院　最高人民法院司法案例研究院　/　编

借款担保纠纷

中国法治出版社
CHINA LEGAL PUBLISHING HOUSE

《中国法院2025年度案例》通讯编辑名单

刘晓虹　北京市高级人民法院
王　凯　北京市高级人民法院
张　荷　天津市高级人民法院
徐翠翠　河北省高级人民法院
崔铮亮　山西省高级人民法院
杨钰奇　内蒙古自治区高级人民法院
张　健　辽宁省高级人民法院
苏　浩　吉林省高级人民法院
桑　松　黑龙江省高级人民法院
张　蕾　上海市高级人民法院
左一凡　江苏省高级人民法院
冯禹源　江苏省南通市中级人民法院
宋婉龄　江苏省无锡市中级人民法院
李　波　浙江省高级人民法院
刘伟玲　安徽省高级人民法院
林冬颖　福建省高级人民法院
杨云欣　江西省高级人民法院
李璐璐　山东省高级人民法院
卓峻帆　河南省高级人民法院
吴　杨　湖北省高级人民法院
唐　竞　湖南省高级人民法院
邵静红　广东省高级人民法院
邹尚忠　广西壮族自治区高级人民法院
韦丹萍　广西壮族自治区高级人民法院
黄文楠　海南省高级人民法院
吴　小　重庆市高级人民法院
任　梦　四川省高级人民法院
颜　源　贵州省高级人民法院
戚　雷　贵州省贵阳市中级人民法院
李丽玲　云南省高级人民法院
赵鸿章　云南省昆明市中级人民法院
索朗达杰　西藏自治区高级人民法院
郑亚非　陕西省高级人民法院
吴　莹　甘肃省高级人民法院
王　晶　青海省高级人民法院
马博文　宁夏回族自治区高级人民法院
石孝能　新疆维吾尔自治区高级人民法院
李　冰　新疆维吾尔自治区高级人民法院生产建设兵团分院

序

为深入学习贯彻习近平法治思想，落实习近平总书记“一个案例胜过一打文件”的重要指示精神，人民法院始终把完善中国特色案例制度，加强以案释法作为推进全面依法治国、支撑和服务中国式现代化的重要途径。人民法院案例库向社会开放一年多来，最高人民法院始终坚持高标准建设，实现入库案例对常见案由和罪名全覆盖，对于促进法律适用统一，实现严格公正司法发挥了重要作用。

“中国法院年度案例系列”丛书以及时记录人民法院司法审判工作新发展、新成就为己任，通过总结提炼典型案例的裁判规则、裁判方法和裁判理念，发挥案例鲜活生动、针对性强的优势，以案释法，以点带面，有针对性地阐释法律条文和立法精神，促进社会公众通过案例更加方便地学习法律，领悟法治精神，体现司法规范、指导、评价、引领的重要作用，大力弘扬社会主义核心价值观，积极服务人民法院案例库建设，加强对案例库案例的研究，促进统一法律适用，提升审判质效，丰富实践法学研究，增强全民法治意识和法治素养，展现新时代我国法治建设新成就。

“中国法院年度案例系列”丛书自2012年编辑出版以来，已连续出版13年，受到读者广泛好评。为更加全面地反映我国司法审判执行工作的发展进程，顺应审判执行实践需要，响应读者需求，丛书于2014年度新增金融纠纷、行政纠纷、刑事案例3个分册，2015年度将刑事案例调整为刑法总则案例、刑法分则案例2个分册，2016年度新增知识产权纠纷分册，2017年度新增执行案例分册，2018年度将刑事案例扩充为4个分册，2022年度将土地纠纷（含林地纠纷）分册改为土地纠纷（含环境资源纠纷）分册。自2020年起，丛书由国家法官学院与最高人民法院司法案例研究院共同编辑，每年年初定期出版。在全国各级人民法院的大力支持下，丛书编委会现编辑出版《中国法院2025年度案例系列》丛书，共23册。

“中国法院年度案例系列”丛书以开放务实的态度、简洁明快的风格，在编辑过程中坚持以下方法，努力让案例书籍“好读有用”：一是高度提炼案例内容，控制案例篇幅，每个案例字数基本在3000字左右；二是突出争议焦点，力求在有限的篇幅内为读者提供更多有效信息，便于读者快速抓取案例要点；三是注重释法说理，案例由法官撰写“法官后语”，高度提炼、总结案例的指导价值，引发读者思考，为司法审判提供借鉴，为法学研究提供启迪。

“中国法院年度案例系列”丛书编辑工作坚持以下原则：一是以研究案例库案例为首要任务。自2024年起，“中国法院年度案例系列”丛书优先选用人民法院案例库案例作为研究对象，力求对案例库案例裁判要旨的基本内涵、价值导向、法理基础、适用要点等进行深入分析，增强丛书的权威性、参考性。二是广泛选编案例。国家法官学院和最高人民法院司法案例研究院每年通过各高级人民法院从辖区法院汇集上一年度审结的典型案例近万件，使丛书有广泛的精选基础，通过优中选优，可提供给读者新近发生的多种类型的典型、疑难案例。三是方便读者检索。丛书坚持以读者为本，做到分卷细化，每卷案例主要根据案由或罪名分类编排，每个案例用一句话概括裁判要旨或焦点问题作为主标题，让读者一目了然，迅速找到目标案例。

中国法治出版社始终全力支持“中国法院年度案例系列”丛书的出版，给了编者们巨大的鼓励。2025年，丛书将继续提供数据库增值服务。购买本系列丛书，扫描腰封二维码，即可在本年度免费查阅往年同类案例数据库。我们在此谨表谢忱，并希望通过共同努力，逐步完善，做得更好，探索出一条充分挖掘好、宣传好人民法院案例库案例和其他典型案例价值的新路，为广大法律工作者和社会公众提供权威、鲜活、精准的办案参考、研究素材，更好地服务司法审判实践、服务法学教育研究、服务法治中国建设。

“中国法院年度案例系列”丛书既是法官、检察官、律师等法律工作者的办案参考和司法人员培训辅助教材，也是社会大众学法用法的经典案例读本，同时为教学科研机构开展案例研究提供了良好的系列素材。当然，编者们在编写过程中也难以一步到位实现目标愿景，客观上会存在各种不足甚至错误，欢迎读者批评指正。我们诚心听取各方建议，立足提质增效，不断拓宽司法案例研究领域，创新司法案例研究方法，助推实现中国特色司法案例研究事业的高质量发展。

国家法官学院　最高人民法院司法案例研究院

2025 年 3 月

目　录

Contents

一、借　款

二、保　证

三、抵　押

一、借　款

1

承包人的工作人员以民间借贷为由主张总承包单位向其返还工程垫资款，人民法院能否予以支持

——覃某诉某建筑公司民间借贷案

【案件基本信息】

1. 裁判书字号

广西壮族自治区柳州市中级人民法院（2023）桂02民终232号民事判决书

2. 案由：民间借贷纠纷

3. 当事人

原告（上诉人）：覃某

被告（被上诉人）：某建筑公司

【基本案情】

某建筑公司与某房地产公司于2010年12月25日签订了两份建设施工合同，约定由某建筑公司承建某小区35#楼、36#住宅楼及地下车库工程。

某建筑公司的下属分公司与吴某于2011年6月13日签订了《项目施工内部承包合同》，约定由吴某包工包料，自负盈亏，并筹集入股资金1200万元，用于该项目的前期垫资费用。

覃某提交了两张收款收据的详情如下：（1）日期为2011年1月6日的《某建筑公司收款收据（银收）》，其上载明："今收到覃某交来某某洲项目垫支款200000元。"（2）日期为2011年1月10日的《某建筑公司收款收据（银收）》，其上载明："今收到覃某交来某某洲项目垫支款300000元。"该两份收款收据加盖了印有"某建筑公司下属分公司财务专用章"字样的章。即覃某在案涉两张收款收据形成时，并非某建筑公司的职工。

另查明，某小区35#楼及36#住宅楼及地下车库工程项目已经于2016年3月30日竣工验收完毕。吴某与某建筑公司、发包人某房地产公司并未进行结算、工程造价未确定。吴某通过诉讼起诉某建筑公司和发包人某房地产公司，吴某与某建筑公司、某房地产公司建设工程施工合同纠纷一案于2016年诉至柳州市中级人民法院，吴某代理人在庭审中明确覃某是吴某聘请的财务、项目管理人，后经广西壮族自治区高级人民法院二审后将该案发回柳州市中级人民法院重审，吴某代理人在案件质证意见中明确其向某建筑公司主张清算的工程款诉请中吴某垫资款总额中已包含了本案诉争的覃某名义垫资款500000元，并且本案两张收款收据已在该案原审中作为吴某垫资款的证据提交；2011年1~6月某某洲项目前期准备期间的项目收支均计入吴某作为实际施工人与某建筑公司内部承包工程的总结算中。

【案件焦点】

承包人的工作人员以民间借贷为由主张总承包单位向其返还工程垫资款，人民法院能否予以支持。

【法院裁判要旨】①

广西壮族自治区柳州市柳北区人民法院经审理认为：建设工程施工合同中关于承包人垫资的约定，不能直接认定为借款合同的性质。即便当事人双方未在施工合同中作出有关垫资的明确约定，承包人垫资施工的行为根本上也以履行双方建设工程施工合同为目的，与工程建设密不可分，不宜认定为单纯的借款行为。

---

① 本书【法院裁判要旨】适用的法律法规等条文均为案件裁判当时有效，下文不再对此进行提示。

根据在案证据及本案双方当事人均认可的承包人吴某诉某建筑公司及发包人柳州市某房地产开发有限公司支付工程欠款的重审案尚在审理过程中，工程欠款数额尚未明确，工程价款尚未结算，故工程欠款数额也不宜在本案中进行处理。

广西壮族自治区柳州市柳北区人民法院依照《中华人民共和国民事诉讼法》第六十七条第一款，《最高人民法院关于适用〈中华人民共和国民事诉讼法〉的解释》第九十条、第一百零八条之规定，作出如下判决：

驳回覃某的诉讼请求。

宣判后，覃某不服一审判决提起上诉。广西壮族自治区柳州市中级人民法院经审理认为：覃某提交两张《某建筑公司收款收据（银收）》，并提交相应转款凭证，证明款项实际交付。经法院向吴某本人询问核实并结合审查吴某在其与某建筑公司、某房地产公司建设工程施工合同纠纷中对于与某建筑公司内部承包及垫资款工程结算等情况的陈述，查明吴某在2016年起诉某房地产公司、某建筑公司工程款结算案件中已将覃某名下的垫资款500000元一并计入与某建筑公司结算的其垫资款总额17200000元中，且本案两张收款收据已在该案原审中作为吴某垫资款的证据提交，该两张收据中明确载明“交来”的款项为“某某洲项目垫支款”，吴某确认2011年1~6月某某洲项目前期准备期间的项目收支均应一并计入吴某作为实际施工人与某建筑公司内部承包工程的总结算中。覃某诉请某建筑公司返还垫资款并给付利息，依法不予支持。

广西壮族自治区柳州市中级人民法院依照《中华人民共和国民事诉讼法》第一百七十七条第一款第一项之规定，判决如下：

驳回上诉，维持原判。

【法官后语】[①]

本案的民间借贷案引申出两个法律问题：一是建设工程领域自然人承包人的财务人员向总承包单位所进行的垫资、领款的性质认定；二是工程建设领域

---

① 本书【法官后语】对此类法律问题涉及的法律法规等内容进行了时效性更新，下文不再对此进行提示。

中垫资款的性质认定及垫资款的处理。

一、职务代理的扩展适用

关于职务代理，原《中华人民共和国民法通则》（已失效）并未作出规定，仅在其第四十三条规定了“企业法人对它的法定代表人和其他工作人员的经营活动，承担民事责任”。原《最高人民法院关于贯彻执行〈中华人民共和国民法通则〉若干问题的意见（试行）》（已失效）第五十八条也是从企业法人的民事责任角度规定了“企业法人的法定代表人和其他工作人员，以法人名义从事的经营活动，给他人造成经济损失的，企业法人应当承担民事责任”。原《中华人民共和国民法总则》（已失效）第一百七十条规定了职务代理，即“执行法人或者非法人组织工作任务的人员，就其职权范围内的事项，以法人或者非法人组织的名义实施民事法律行为，对法人或者非法人组织发生效力。法人或者非法人组织对执行其工作任务的人员职权范围的限制，不得对抗善意相对人”。《中华人民共和国民法典》沿用了这一规定，第一百七十条规定：“执行法人或者非法人组织工作任务的人员，就其职权范围内的事项，以法人或者非法人组织的名义实施的民事法律行为，对法人或者非法人组织发生效力。法人或者非法人组织对执行其工作任务的人员职权范围的限制，不得对抗善意相对人。”但是，对于个人之间形成劳务关系的职务代理情形《中华人民共和国民法典》仍未作出规定。在工程建设领域中，存在大量的实际承包人为个人的情形，当这些实际承包人雇佣的财务人员、结算人员在与转包单位进行垫资、工程款领款的活动时，存在大量口头授权，如实际承包人对其财务人员、结算人员的垫资行为、在结算文件上签名、在领款单上进行签名、领款行为等进行一揽子口头授权而转包单位又实际认可的情形，对于这一情形，无法适用表见代理制度进行规制，因为根据《中华人民共和国民法典》第一百七十二条规定：“行为人没有代理权、超越代理权或者代理权终止后，仍然实施代理行为，相对人有理由相信行为人有代理权的，代理行为有效。”表见代理的构成要件之一（或称为特征之一）的表现为“事实上被代理人并没有对他人进行授权”。故笔者认为，有必要对职务代理的适用范围进行进一步扩大，增加规定工程建设领域的个人之间形成劳务关系的职务代理情形，解决社会中大量存在的实际承包人所聘请的财务人员、结算人员在工程施工领域的一系列先后发生的职务代理行为所引发的矛盾争议。

本案中，实际承包人吴某与总承包单位某建筑公司签订了《项目施工内部承包合同》约定了由实际承包人吴某进行垫资1200万元再进行工程施工。其中，实际承包人吴某的财务即原告覃某直接给付了某建筑公司垫资款50万元。因与总承包单位某建筑公司签订明确载明由实际承包人吴某进行垫资1200万元的《项目施工内部承包合同》的相对方为实际承包人吴某，故，该笔款项应视为实际承包人吴某的垫资款1200万元中的一部分。故，该笔覃某直接给付某建筑公司的垫资款50万元应在实际承包人吴某与总承包单位某建筑公司签订的《项目施工内部承包合同》所产生的法律关系中处理，而不应作为民间借贷法律关系予以处理。

二、工程建设领域中垫资款的性质认定及垫资款的处理

垫资是指承包人或实际承包人在签订合同后，不要求发包人或总承包单位先支付工程款或支付部分工程款，而是利用自有资金先进场进行施工，待工程施工到一定阶段或者工程全部完成后，再由发包人或总承包单位支付承包人或实际承包人垫付的工程款。《最高人民法院关于审理建设工程施工合同纠纷案件适用法律问题的解释（一）》第二十五条规定："当事人对垫资和垫资利息有约定，承包人请求按照约定返还垫资及其利息的，人民法院应予支持，但是约定的利息计算标准高于垫资时的同类贷款利率或者同期贷款市场报价利率的部分除外。当事人对垫资没有约定的，按照工程欠款处理。当事人对垫资利息没有约定，承包人请求支付利息的，人民法院不予支持。"从本质和行为目的上说，实际承包人或实际承包人垫资施工的行为系以履行与发包人或总承包单位签订的建设工程施工合同为目的，与工程建设密不可分，不宜认定为单纯的借款行为。对于承包人或实际承包人已经履行完毕的建设工程施工合同，应在工程价款的结算中一并处理垫资本金和利息。

本案中，总承包单位某建筑公司与实际承包人吴某之间就垫资签署了《项

目施工内部承包合同》，覃某对于项目的垫资及其作为领款人的项目支出，对外均作为代表项目内部实际承包人吴某的行为，对内为其与吴某之间的权利义务关系，覃某的垫资款性质对外应认定为总承包单位某建筑公司与实际承包人吴某之间的权利义务关系，其本案中诉请总承包单位某建筑公司直接向其返还垫资款并给付利息，因其并非《项目施工内部承包合同》的签订主体，其也并非系已就垫资款项达成协议的一方当事人，故人民法院对其诉请不予支持。覃某应另行向实际承包人吴某进行主张。

编写人：广西壮族自治区柳州市柳北区人民法院　黎鹂

2

借款人死亡，担保人向其继承人行使追偿权，继承人承担清偿责任的条件

——某担保公司诉姜某甲、蔡某某追偿权案

【案件基本信息】

1. 裁判书字号

黑龙江省鸡西山市中级人民法院（2023）黑 03 民终 1203 号民事判决书

2. 案由：追偿权纠纷

3. 当事人

原告（上诉人）：某担保公司

被告（上诉人）：姜某甲、蔡某某

【基本案情】

某担保公司与姜某乙于 2013 年 8 月 6 日签订了《个人房屋贷款担保委托合同》，合同约定姜某乙为购买密山市某小区某室，建筑面积为 57.59 平方米的房

产向银行申请个人房屋担保贷款，借款金额为112000元，借款利率以和贷款银行所签合同的利率为准，贷款期限从2013年8月6日起至2023年8月5日止，某担保公司向贷款银行提供连带责任的保证担保，如姜某乙未按贷款银行《借款合同》约定履行义务，应承担违约责任，违约金为贷款余额的20%。后因姜某乙未按《借款合同》约定按时足额向贷款银行偿还本息，某担保公司于2020年6月18日代姜某乙向贷款银行偿还借款本金及利息共计71389.2元。姜某乙于2018年10月5日去世，姜某甲、蔡某某系姜某乙的父母，姜某乙无其他继承人。故，某担保公司诉至法院，要求姜某甲、蔡某某向某担保公司偿付由其垫付的银行贷款本息71389.2元及违约金14277.84元，共计85667.04元，并承担本案诉讼费用及律师费用。

姜某甲辩称，姜某乙买楼的时候其并不知道姜某乙是贷款买楼，只知道姜某乙是用工资进行偿还楼款，请求法庭对姜某乙贷款一事进行调查，姜某乙去世的时候留有遗书，在姜某甲的妻子处，遗书具体内容不记得了。

蔡某某辩称，某担保公司起诉要求其支付某担保公司垫付的贷款本金及利息没有事实及法律依据，恳请人民法院驳回其诉讼请求。蔡某某已经以书面形式放弃了对姜某乙遗产的继承权，根据《中华人民共和国民法典》第一千一百六十一条第二款规定，继承人放弃继承的，对被继承人依法应当缴纳的税款和债务可以不负清偿责任。蔡某某是本案被继承人姜某乙的母亲，但在姜某乙死后即继承开始后，姜某乙的遗产处理之前，蔡某某已经书面声明放弃了对姜某乙遗产的继承权，蔡某某并没有继承姜某乙的任何遗产，故对姜某乙的债务自然不负有偿还的责任。所以本案中蔡某某不应承担对某担保公司垫付贷款的给付责任。

【案件焦点】

本案争议的主要焦点是借款人死亡，担保人向其继承人行使追偿权，继承人是否应承担清偿责任。

【法院裁判要旨】

黑龙江省密山市人民法院经审理认为：根据《最高人民法院关于适用〈中华人民共和国民事诉讼法〉的解释》第九十条“当事人对自己提出的诉讼请求所依据的事实或者反驳对方诉讼请求所依据的事实，应当提供证据加以证明，但法律另有规定的除外。在作出判决前，当事人未能提供证据或者证据不足以证明其事实主张的，由负有举证证明责任的当事人承担不利的后果”的规定，本案原告某担保公司主张被告姜某甲、蔡某某作为姜某乙的继承人应清偿姜某乙的债务，某担保公司应当提供证据证实其所主张的事实成立。但某担保公司提交的证据不能证实姜某甲、蔡某某继承了姜某乙的遗产。另，根据《中华人民共和国民法典》第一千一百二十四条第一款的规定：“继承开始后，继承人放弃继承的，应当在遗产处理前，以书面形式作出放弃继承的表示；没有表示的，视为接受继承。”根据《最高人民法院关于适用〈中华人民共和国民法典〉继承编的解释（一）》第三十四条“在诉讼中，继承人向人民法院以口头方式表示放弃继承的，要制作笔录，由放弃继承的人签名”的规定，本案中，蔡某某以书面形式声明放弃继承姜某乙的遗产，姜某甲虽未以书面形式作出放弃继承的表示，但在庭审中明确表示放弃继承姜某乙的遗产，且在庭审笔录中签字确认。根据《中华人民共和国民法典》第一千一百六十一条第二款“继承人放弃继承的，对被继承人依法应当缴纳的税款和债务可以不负清偿责任”的规定，蔡某某、姜某甲均放弃继承姜某乙的遗产，故蔡某某、姜某甲对姜某乙的债务不负清偿责任。根据《中华人民共和国民法典》第一千一百四十五条“继承开始后，遗嘱执行人为遗产管理人；没有遗嘱执行人的，继承人应当及时推选遗产管理人；继承人未推选的，由继承人共同担任遗产管理人；没有继承人或者继承人均放弃继承的，由被继承人生前住所地的民政部门或者村民委员会担任遗产管理人”的规定，姜某乙的继承人均放弃继承，故姜某甲、蔡某某不是姜某乙遗产管理人。综上所述，某担保公司的诉讼请求，证据不足，不符合法律规定，法院不予支持。依照《中华人民共和国民法典》第一千一百二十四条、第一千一百四十五条、第一千一百六十一条第二款，《最高人民法院关于适用〈中华人民共和国民法典〉继承编的解释（一）》第三十四条，《中华人民共和国民事诉讼法》第一百四十七条，《最高人民法院关于适用〈中华人民共和国民事诉讼法〉的解释》第九十条规定，判决如下：

驳回某担保公司本案诉讼请求。

原告、被告均提起上诉，二审法院判决：

驳回上诉，维持原判。

【法官后语】

遗产是自然人死亡时遗留的个人合法财产。继承从被继承人死亡时开始。放弃继承，又称“继承的抛弃”，是指继承人不接受被继承人遗产的意思表示，是单方法律行为。继承人有权放弃继承，继承人作出放弃继承的意思表示后即丧失了继承权。继承人放弃继承后，也就不再承担清偿被继承人债务的责任。放弃继承的意思表示，应当以书面形式向其他继承人作出，用口头方式表示放弃继承的，本人承认或有其他证据证明的，一般应认定为有效。放弃继承不得由他人代理而作出。在遗产处理前或在诉讼过程中，继承人对放弃继承反悔的，一般应当准许，遗产处理后，继承人对放弃继承反悔的，不予承认。继承开始后，继承人放弃继承的，应当在遗产处理前，以书面形式作出放弃继承的表示；没有表示的，视为接受继承。在诉讼中，继承人向人民法院以口头方式表示放弃继承的，要制作笔录，由放弃继承的人签名。本案中，蔡某某以书面形式声明放弃继承姜某乙的遗产，姜某甲虽未以书面形式作出放弃继承的表示，但在庭审中明确表示放弃继承姜某乙的遗产，且在庭审笔录中签字确认。根据《中华人民共和国民法典》第一千一百六十一条“继承人以所得遗产实际价值为限清偿被继承人依法应当缴纳的税款和债务。超过遗产实际价值部分，继承人自愿偿还的不在此限。继承人放弃继承的，对被继承人依法应当缴纳的税款和债务可以不负清偿责任”的规定，蔡某某、姜某甲均放弃继承姜某乙的遗产，故蔡某某、姜某甲对姜某乙的债务不负清偿责任。根据《中华人民共和国民法典》第一千一百四十五条“继承开始后，遗嘱执行人为遗产管理人；没有遗嘱执行人的，继承人应当及时推选遗产管理人；继承人未推选的，由继承人共同担任遗产管理人；没有继承人或者继承人均放弃继承的，由被继承人生前住所地的民政部门或者村民委员会担任遗产管理人”的规定，姜某乙的继承人均放弃继承，故姜某甲、蔡某某不是姜某乙遗产管理人。

综上，姜某甲、蔡某某对姜某乙的债务不负清偿责任，继承人对遗产债务的清偿责任的条件未成就。姜某甲、蔡某某的抗辩理由，能够影响某担保公司的诉求实现。

编写人：黑龙江省密山市人民法院　李尚丽

3

债务加入人的责任范围不应超出债务人的债务范围

——仲某诉许某等追偿权案

【案件基本信息】

1. 裁判书字号

江苏省无锡市锡山区人民法院（2023）苏0205民初3608号民事判决书

2. 案由：追偿权纠纷

3. 当事人

原告：仲某

被告：许某、商某、某设备公司

【基本案情】

2021年6月21日，许某与某银行签订《最高额借款及保证合同》，约定由某银行向许某提供短期流动资金贷款，该合同最高额借款本金余额为30万元，借款用途为资金周转，最高额借款期限为12个月，自2021年6月21日起至2022年6月20日止，还款方式为到期还本、按月付息。仲某、商某、某设备公司为上述借款提供连带责任保证。当天，某银行即向许某发放30万元借款，并由许某出具借款借据。

因许某未按约归还借款本金及利息等，仲某分别于2022年4月22日、2022年9月30日、2023年2月16日代偿3000元、10000元、214620.24元，共计227620.24元。某银行出具代偿证明确认，截至2023年2月16日该笔借款本息全部结清，保证人仲某在该笔借款项下的代偿义务已经全部履行完毕。

商某于2023年2月16日出具欠条一份，载明：借款人许某、商某、某设备公司截至2023年2月16日向仲某合计借款227620.24元（2022年4月22日由翁某代转账3000元，2022年9月30日由翁某代转账10000元，2023年2月16日由翁某代转账214620.24元，以上均打款至某银行"现金还贷专户"），用于代偿许某与某银行签订的《最高额借款及保证合同》项下未结清贷款，此代偿款应由许某、商某及某设备公司于2023年3月15日之前归还仲某，如到期未归还，仲某可向法院起诉强制执行。由此产生的一切费用包括但不限于律师费、利息、诉讼费等都由借款方承担。仲某对此表示，出具欠条时，许某不在场，但他知晓商某出具欠条的事实，根据家事代理原则，商某关于承担律师费的承诺对许某具有约束力，商某就许某应承担的债务构成债务加入，同时商某是某设备公司的唯一股东和法定代表人，有权代表某设备公司作出债务加入及承担律师费的承诺。

某设备公司于2022年1月24日经核准变更为自然人独资的有限责任公司，股东暨法定代表人为商某，监事为许某。许某与商某系夫妻关系。

再查，仲某提供了聘请律师合同，约定仲某为主张本案债权聘请律师代理诉讼，律师费为16781元。

仲某提出如下诉讼请求：（1）请求判令许某、商某及某设备公司向其归还代偿款227620.24元，并承担利息（以227620.24元为基数，自2023年3月16日起至实际支付之日止，按全国银行间同业拆借中心公布的贷款市场报价利率计算）；（2）请求判令许某、商某及某设备公司向其支付律师费16781元。

【案件焦点】

1. 商某、某设备公司是否构成债务加入；2. 商某关于律师费由借款人承担的意思表示的效力是否及于债务人许某；3. 债务加入人商某、某设备公司是否应承担债权人仲某主张的律师费损失。

【法院裁判要旨】

江苏省无锡市锡山区人民法院经审理认为：保证人承担保证责任后，有权在其承担保证责任的范围内向债务人追偿，享有债权人对债务人的权利。仲某作为许某向某银行借款的连带责任保证人，因债务人许某未按借款合同约定及时归还借款本金及利息等，代为向债权人某银行偿还了借款本息 227620.24 元，故仲某有权就上述代偿款向债务人许某追偿。因许某等未能于欠条上载明的 2023 年 3 月 15 日之前及时偿还代偿款，仲某主张按照全国银行间同业拆借中心公布的贷款市场报价利率的标准，要求支付从 2023 年 3 月 16 日起至实际支付之日止的逾期付款利息符合法律规定，应予支持。

第三人与债务人约定加入债务并通知债权人，或者第三人向债权人表示愿意加入债务，债权人未在合理期限内明确拒绝的，债权人可以请求第三人在其愿意承担的债务范围内和债务人承担连带债务。在仲某代为偿还借款之后，商某出具欠条，向仲某表示此代偿款应由许某、商某、某设备公司于 2023 年 3 月 15 日之前归还仲某，并承担相应利息，符合债务加入的规定，又因某设备公司系商某独资的有限责任公司，商某代表某设备公司作出债务加入的意思表示对某设备公司具有约束力，故应当认定商某、某设备公司愿意加入许某向仲某归还 227620.24 元及相应利息的债务，在该本息范围内和债务人许某承担连带债务。

就律师费的承担问题，因许某与仲某之间并无明确约定，且并非属于日常家事代理的必要范围，商某在欠条上所作的承担律师费的意思表示对许某不发生法律效力，故对仲某请求许某承担律师费的诉讼请求不予支持。债务加入人承担责任的范围，不应超过债务人需要承担的债务范围。虽然商某、某设备公司作出了承担律师费的意思表示，但是该意思表示超出了债务人许某需要承担的债务范围，故对仲某请求商某、某设备公司承担律师费的诉讼请求亦不予支持。许某、商某、某设备公司经法院依法传唤无正当理由拒不到庭参加诉讼，视为自愿放弃答辩及质证的诉讼权利，应自行承担由此产生的不利后果。

综上所述，江苏省无锡市锡山区人民法院对仲某主张的除律师费承担之外的诉讼请求依法予以支持。依照《中华人民共和国民法典》第五百五十二条、第五百七十九条、第五百八十三条、第七百条，《最高人民法院关于适用〈中华人民共和国民法典〉有关担保制度的解释》第三条、第十条、第十二条、第十八条，《中华人民共和国民事诉讼法》第四十条、第一百四十七条规定，判决如下：

一、许某、商某、某设备公司应于本判决生效之日起十日内支付仲某代偿款227620.24元及利息（以227620.24元为基数，自2023年3月16日起至实际支付之日止，按全国银行间同业拆借中心公布的贷款市场报价利率计算）；

二、驳回仲某的其他诉讼请求。

判决后，双方当事人均未上诉，本判决已生效。

【法官后语】

《中华人民共和国民法典》第五百五十二条首次在民事基本法层面对债务加入制度作出了明确规定。债务加入又被称为并存的债务承担，是指在债务人不退出的情况下，由第三人加入该债务中，在其愿意承担的债务范围内和债务人一起承担连带债务。本案中，第三人商某向债权人仲某出具欠条，表示此代偿款应由许某、商某、某设备公司于2023年3月15日之前归还仲某，并承担相应利息，符合债务加入的规定，又因某设备公司系商某独资的有限责任公司，商某代表某设备公司作出债务加入的意思表示对某设备公司具有约束力。

第三人加入债务对债务人而言是一种良好的增信措施，有助于提高债务人的履约能力，对债权人而言债权更有保障，有助于债权的实现。关于债务加入人承担责任的范围，《中华人民共和国民法典》第五百五十二条规定，在其愿意承担的债务范围内和债务人一起承担连带债务。对于债务加入人明确只愿意承担部分债务或者全部债务的，根据上述规定，债务加入人只需要在其愿意承担的债务范围内和债务人承担连带债务，对此自不存在争议，没有讨论的价值。但对于债务加入人表示愿意承担责任范围超出债务人应承担债务范围的，比如本案中商某对律师费承担的意思表示，债务加入人是否也应在其愿意承担债务范围内承担责任，并在承担责任后向债务人进行全部追偿，民法典及相应司法解释对此未予明确规定。但是，从债务加入制度本身以及参照同样具有担保功能的连带责任担保制度等方面进行考察，债务加入人承担责任的范围不应超出债务人应承担的债务范围，或言之应当以债务人应承担的债务范围为限。具体理由如下。

1. 就“债务加入”本身文义而言，债务加入人承担责任的范围不应超出债务人应承担的债务范围。债务加入，顾名思义是第三人加入债务人应当承担的原债务中，成为原债务的债务人，就应当受到原债务内容（如债务金额、履行期限、履行方式等）的约束与限制，意味着债务加入人只需要履行原债务金额即可，此时所加入的债务已然履行完毕，债权人与债务人、债务加入人之间的债权债务关系已经消灭，再要求债务加入人履行原债务之外的其他债务则于法无据、于理不通。

2. 从连带债务规定出发，债务加入人承担责任的范围不应超出债务人应承担的债务范围。根据《中华人民共和国民法典》第五百一十八条规定，债务人为二人以上，债权人可以请求部分或者全部债务人履行全部债务的，为连带债务。倘若债务加入人表示愿意承担的债务范围超出债务人应承担债务范围的，根据连带债务的责任规则，债务加入人与债务人承担的是同一内容的债务，既然债权人可以要求债务加入人承担其愿意承担的超出原债务的债务，那么同样也可以要求债务人履行超出自己原本应当承担债务范围的债务，显然此种推论有违法理。因此，从制度设计上，不应超出原债务的范围，否则就构成了新的债务，与债务加入的本意亦不相符，对于债权人基于债务加入要求债务加入人承担超出债务人应承担债务范围的责任的，不应予支持。

3. 参照连带责任担保中担保责任范围的规则，债务加入人承担责任的范围不应超出债务人应承担的债务范围。债务加入与连带责任保证均具有担保债权实现、为债务人增信的功能，在诸多规则上具有一定的相通性，在部分规则不明时，可以考虑参照适用。例如，《最高人民法院关于适用〈中华人民共和国民法典〉有关担保制度的解释》第十二条规定，公司法定代表人以公司名义加入债务的，参照担保的有关规则处理，确立了“存疑准用担保”的规则。就担保责任范围，该解释第三条规定：“当事人对担保责任的承担约定专门的违约责任，或者约定的担保责任范围超出债务人应当承担的责任范围，担保人主张仅在债务人应当承担的责任范围内承担责任的，人民法院应予支持。担保人承担的责任超出债务人应当承担的责任范围，担保人向债务人追偿，债务人主张仅在其应当承担的责任范围内承担责任的，人民法院应予支持；担保人请求债权人返还超出部分的，人民法院依法予以支持。”当事人约定的担保责任范围超出债务人应当承担的责任范围的，人民法院仅支持担保人在债务人应当承担的责任范围内承担担保责任。同样具有担保功能的债务加入制度，在第三人责任范围认定上与连带责任担保并无多大区别，可以参照适用上述规则，即债务加入人承担责任的范围不应超出债务人应承担的债务范围，并且该适用并不减损制度价值以及损害债权人的合法权益。

4. 基于债务加入人追偿权的规则考虑，债务加入人承担责任的范围不应超出债务人应承担的债务范围。《最高人民法院关于适用〈中华人民共和国民法典〉合同编通则若干问题的解释》第五十一条第一款规定：“第三人加入债务并与债务人约定了追偿权，其履行债务后主张向债务人追偿的，人民法院应予支持；没有约定追偿权，第三人依照民法典关于不当得利等的规定，在其已经向债权人履行债务的范围内请求债务人向其履行的，人民法院应予支持，但是第三人知道或者应当知道加入债务会损害债务人利益的除外。”根据该规定，在没有对追偿权进行限制的情况下，债务加入人可以在其已经向债权人履行债务的范围内请求债务人向其履行。如果认定既然债务加入人表示愿意承担原债务范围之外的其他债务，则债权人要求债务加入人承担原债务范围之外的其他部分的请求可以支持的话，那么债务加入人在履行之后，基于其享有的追偿权，理所当然地有权要求债务人向其履行原债务范围之外的部分，也就意味着，随着第三人债务加入，债务人需承担的债务范围反而扩大了，显然此种推论明显不能成立。因此，即便债务加入人主动履行了超出原债务范围之外的部分，债务加入人也仅能在原债务范围之内向债务人追偿，对于多支付的部分可以要求债权人返还。

具体到本案中，商某、某设备公司构成对许某债务的债务加入，在许某债务中，并不包含承担债权人仲某律师费损失的约定，故许某对仲某律师费损失没有承担的义务。尽管商某系许某配偶，但是对律师费损失承担的意思表示显然不属于家事代理的范畴，在未经许某同意或追认的情况下，代理许某所作愿意承担律师费的意思表示对许某不发生法律效力。在许某不需要承担仲某律师费损失的情况下，商某、某设备公司作为债务加入人只需要承担与许某同一内容的债务即可，对超出原债务之外的律师费损失部分，即使有愿意承担的意思表示，债权人也无权要求债务加入人承担。

综上，债权人仲某要求债务加入人商某、某设备公司就原债务与债务人许某承担连带债务的请求应予支持，但对于原债务之外的要求承担律师费损失的请求不予支持。

编写人：江苏省无锡市中级人民法院　申富军

4

出借人以关联方名义收取的服务费应予扣减本金或还款

——某小额贷款公司诉刘某等借款合同案

【案件基本信息】

1. 裁判书字号

北京市房山区人民法院（2023）京 0111 民初 3863 号民事判决书

2. 案由：借款合同纠纷

3. 当事人

原告：某小额贷款公司

被告：刘某、李某甲、卢某

【基本案情】

2021 年 11 月 4 日，刘某、李某甲与某信息科技公司签订两份《融资服务协议书》，均约定某信息科技公司为刘某、李某甲提供600 万元的融资服务；每月融资服务费为融资金额的 3.6%，刘某等需提前支付综合服务费 21.6 万元。

同日，刘某、李某甲、卢某（借款人，以下简称刘某等人）与某小额贷款公司（出借人）签订《借款合同》，约定：出借人同意向借款人出借 600 万元，借款年利率为 18%，借款期限为 1 个月，起止时间以出借人实际放款日期为准；按月付息，到期还本；借款人逾期还款的，应向出借人支付逾期违约金及逾期费用，逾期违约金为借款金额的千分之五，逾期费用=剩余未还借款金额×（日利率×1.5）×逾期日数。2021 年 11 月 5 日，某小额贷款公司向刘某等人的账户共计转账 600 万元。

关于刘某等人的还款情况，某小额贷款公司陈述：刘某等人按照年利率18%的标准已支付利息至 2022 年 5 月 31 日（共计 60.31 万元），并偿还本金100 万元，尚欠借款本金 500 万元。刘某等人不认可某小额贷款公司的上述意见，并主张本案存在砍头息、超付利息的情形，其还款超过年利率 18%的部分应抵扣本金，其认可尚欠本金金额为 3722481.7 元。

另查，高某、袁某系某信息科技公司的工作人员，李某乙系某小额贷款公司的工作人员。2021 年 11 月 5 日，刘某向李某乙转账 43.2 万元；2021 年 12 月 13 日，卢某向李某乙转账 14.4 万元后，李某乙转支付给高某；2021 年 12 月 17 日，卢某按照高某要求向李某乙转账 7.2 万元；2021 年 12 月 24 日，卢某向李某乙转账 7.2 万元；2021 年 12 月 31 日，卢某向李某乙转账 8.4 万元；2022 年 1 月 5 日，卢某向李某乙转账 10.46 万元；2022 年 1 月 21 日，卢某向李某乙转账 7.86 万元；2022 年 2 月 10 日，卢某向李某乙转账 9.24 万元；2022 年 4 月 29 日，李某甲向某小额贷款公司转账 80 万元；2022 年 5 月 5 日，卢某向某小额贷款公司转账 20 万元；2022 年 5 月 6 日，李某甲向李某乙转账两笔合计618500.33 元。

再查，2021 年 11 月 4 日，刘某、李某甲与案外人某信托公司签订《贷款合同》，刘某、李某甲向某信托公司贷款600万元，贷款期限90天，贷款利率为年利率9.6%。

诉讼中，某小额贷款公司提交某信息科技公司出具的《情况说明》及收费明细表，《情况说明》载明：其与刘某等人约定的融资服务费含某小额贷款公司和某信托公司的利息及某信息科技公司的服务费。截至2022年5月31日，某信息科技公司共收取刘某、卢某、李某甲融资服务费1698100元，其中代付某信托公司利息122400元，代付某小额贷款公司利息603100元。收费明细显示：李某乙收到刘某等人转账后，向袁泉转出部分款项，由袁泉以刘某等人的名义现金转入某小额贷款公司作为刘某等人的付息。代还信托利息情况明细统计表显示刘某、李某甲已偿还某信托公司贷款本金600万元和利息。

【案件焦点】

1. 某小额贷款公司的实际出借金额是多少；2. 刘某等人的还款金额是多少。

【法院裁判要旨】

北京市房山区人民法院经审理认为：合法的民间借贷关系受法律保护。刘某等人与某小额贷款公司签订案涉借款合同，案涉借款合同系刘某等人、某小额贷款公司的真实意思表示，内容不违反法律、行政法规的强制性规定，应为合法有效。现借款已到期，某小额贷款公司要求刘某等人偿还借款，具有事实与法律依据，法院予以支持。

关于某小额贷款公司的实际出借金额。虽然刘某、李某甲与某信息科技公司约定两笔合计1200万元的借贷融资服务费合计43.2万元，但李某乙作为某小额贷款公司的工作人员，刘某等人在收到某小额贷款公司借款600万元的当日，即向李某乙账户转账43.2万元，且李某乙收到后并未立即转出给某信息科技公司，某小额贷款公司提交的银行交易明细亦无法对应之后该公司将该笔43.2万元转入某信息科技公司，故法院认定该笔转账43.2万元应在借款本金中予以扣除，刘某等人的实际借款金额为556.8万元。

关于刘某等人的还款金额。刘某等人主张其向李某乙、高某及某小额贷款公司的转账均系偿还案涉借款，某小额贷款公司对此持有异议。其一，双方对卢某、李某甲直接转账至某小额贷款公司的100万元系偿还本金无争议。其二，结合在案证据及双方当事人陈述，刘某等人的还款并非刘某等人直接操作，而是由李某乙等人操作，考虑李某乙系某小额贷款公司的工作人员，对某小额贷款公司陈述的刘某等人的偿还利息情况，法院难以采纳。其三，刘某、李某甲与某信息科技公司签订了融资服务协议书，刘某等人亦实际取得了案涉借款和某信托公司的贷款，并按照某信息科技公司的指示将还款转入李某乙账户，从卢某向李某乙转账的金额及备注可以看出，刘某等人向李某乙的转账中包含借款利息及融资服务费。但李某乙的账户明细不能一一体现某小额贷款公司转付某信息科技公司的服务费及金额，亦无法区分某信息科技公司就案涉借款及某信托公司贷款对应的服务费金额，因此，法院在刘某等人向李某乙的转账中无法扣除某信息科技公司收取的服务费。其四，根据刘某等人及李某乙、袁泉的银行账户交易明细，结合某信息科技公司出具的情况说明、统计表及双方当事人陈述，法院认定卢某、李某甲转账给付李某乙的款项系刘某等人偿还借款的金额。需要说明的是，上述金额中有一部分可以认定系用于支付某信托公司的利息，故法院将该部分金额在刘某等人的还款金额中予以扣减。综上所述，法院认定刘某等人除偿还借款本金100万元外，于借款后共计向李某乙转账还款1266100.33元，扣除其中向某信托公司支付的利息93066.67元，剩余1173033.66元系偿还案涉借款。

本案中，某小额贷款公司作为具有发放贷款资质的主体，其与刘某等人约定借期内利息为年利率18%，并依据合同约定和相关意见主张逾期利息按照年利率24%的标准计算，不违反法律规定，故法院对刘某等人的还款按照上述标准予以核算，超出部分则抵扣本金。经核算，截至2022年5月31日，刘某等人尚欠某小额贷款公司借款本金4020060.07元，尚欠利息67001元。对某小额贷款公司要求刘某等人偿还借款本金4020060.07元及相应的逾期利息，法院予以支持，对其超过该合理范围的诉讼请求部分，法院不予支持。北京市房山区人民法院判决如下：

一、刘某、李某甲、卢某于本判决生效之日起十日内向某小额贷款公司偿还剩余借款本金4020060.07元及截至2022年5月31日的利息67001元；

二、刘某、李某甲、卢某于本判决生效之日起十日内向某小额贷款公司支付逾期利息（以4020060.07元为基数，按照年利率24%的标准，自2022年6月1日起计算至实际偿还之日止）；

三、驳回某小额贷款公司的其他诉讼请求。

【法官后语】

本案看似是一起简单的借款合同纠纷案件，但背后却需要抽丝剥茧，运用穿透式的审判思维去认定案件的事实及各方主体的法律关系。

一方面，某小额贷款公司作为出借方及原告，其能够提供《借款合同》、资金出借凭证及刘某等人现金偿还利息的凭证，证据链条已经相当完备，达到一般情况下借贷事实及还款情况的举证证明程度。但是，根据刘某等人的陈述及法院审理查明的事实，上述现金付息的凭证并非刘某等人操作，而是某小额贷款公司工作人员将款项支付至中间方某信息科技公司工作人员处，由某信息科技公司的工作人员以刘某等人的名义制造的还款迹象，该种情形异于常理，且不符合借款合同及融资合同的约定，亦不能推断出是刘某等人的授权。所以法院未依据某小额贷款公司提交的证据采纳其陈述的还款情况。

另一方面，认定刘某等人的真实还款情况需厘清某小额贷款公司与某信息科技公司之间的关系。本案从以下几个角度进行了考虑。第一点，按照《融资服务协议书》的约定，某信息科技公司可收取高额的融资服务费43.2万元，但实际却由某小额贷款公司收取，且在案的证据不能证明某小额贷款公司已及时将该笔款项转付给某信息科技公司，且43.2万元中还包含某信息科技公司收取的某信托公司放贷600万元的服务费，某小额贷款公司直接收取并无根据；第二点，某信息科技公司指示刘某等人将还款给付至某小额贷款公司工作人员处，某小额贷款公司将部分款项给付某信息科技公司工作人员以制造符合《借款合同》约定的付息情况，相应银行流水无法体现其转付某信息科技公司对应的服务费及金额，亦无法区分某信息科技公司就案涉借款及某信托公司贷款对应的服务费金额，双方之间账目混乱，不易区分；第三点，某信息科技公司与某小额贷款公司虽无直接可查的控股关联关系，但双方合作紧密，由出借人按固定利率收取利息及服务费，月息高达3.6%，且某信息科技公司并非集中一笔收取服务费，其提供的融资服务不具有质价相当性，从服务费收取节奏、收取比例及收款主体来看，均不符合服务费的一般特征，而符合利息收取的特点。故，法院认定某小额贷款公司与某信息科技公司作为关联方，存在变相收取高息的情形，应将某小额贷款公司收取的款项作为刘某等人的还款处理。

近年来，借款合同纠纷案件中，借款方在取得借款当日取出现金支付中介机构高额服务费、按月交纳利息及服务费的情形越发常见，因出借方与融资方系不同主体，往往因借款方分别与二者形成独立的法律关系而无法采纳借款方关于出借方高额收息的抗辩意见。但是，判断服务费是否应计入借款人的借款成本时，不能盲目照搬各项服务合同的表面约定，应当透过表象看清本质，分析其与借款合同的内在联系，并结合提供服务的情况、中介方与出借人的关系、支付费用的方式、费用高低等因素来认定，从而甄别出借人或关联主体利用服务费的形式变相突破法定利率上限收取高息的情形。

在中介机构与出借人之间存在一定关联关系的情形下，出借人或中介方收取高额服务费用的行为，实质是出借人变相突破民间借贷的法定利率上限，以及预先在借款本金中扣除借款利息，违反法律、司法解释的规定，应当给予否定性评价。此种情形下，一是借款方在取得借款当日向中介机构支付的服务费属于“砍头息”，应在本金中予以扣除；二是借款方定期交纳的服务费应属于利息，与出借人收取的利息合计超过法定利率上限的部分应予扣减本金。

编写人：北京市房山区人民法院　万青　张宏召

5

守约方与违约方之间关于律师费的负担标准问题

——王某某诉某投资公司等借款合同案

【案件基本信息】

1. 裁判书字号

湖北省宜昌市中级人民法院（2023）鄂05民终1400号民事判决书

2. 案由：借款合同纠纷

3. 当事人

原告（被上诉人）：王某某

被告（上诉人）：某投资公司

被告：某硅业公司、某水电公司、周某

【基本案情】

2013年12月30日，某投资公司因生产经营需要向王某某借款，双方《借款合同》中约定："债权人为实现债权发生的一切费用由借款人承担，包括但不限于发生的诉讼费、律师费和差旅费等。"后某投资公司未能如期还款，王某某2018年8月28日将某投资公司等诉至宜昌市西陵区人民法院，案件经过一审判决支持某投资公司等返还王某某借款本金615万元及利息545万元，宜昌市中级人民法院二审维持原判。某投资公司不服，向湖北省高级人民法院申请再审。2020年10月15日，湖北省高级人民法院撤销原一审、二审判决，发回宜昌市西陵区人民法院重审。2021年宜昌市西陵区人民法院经重新审理后，判决某投资公司等偿还王某某借款本金617万元及利息853万元，以及王某某律师费90万元。某投资公司仍不服，提起上诉，2022年宜昌市中级人民法院二审维持原判。

王某某为提起上述民间借贷诉讼，于2018年与某律师事务所签订《委托代理合同》支付代理费90万元（2022年生效判决中已支持）。2019年王某某向湖北省高级人民法院申请再审，又支付再审代理费50万元。2020年王某某为再审撤销原一审、二审后的重新审理程序，再次支付代理费60万元。某律师事务所分次出具《发票》确认收到代理费总计200万元。

王某某于2022年提起本案诉讼，主张某投资公司等承担剩余的律师费110万元（其总计支付的200万元扣除生效判决已支持的90万元）。某投资公司则认为支持的律师费标准过高，不符合公平原则。民间借贷案件已经顶格支持了利息，生效判决也已经支持了王某某律师代理费90万元，此基础上王某某为同一案件又主张110万元律师费，明显属于转嫁负担，有违公平，不应当得到支持。

【案件焦点】

王某某为主张债权支付的律师代理费200万元是否全部应当由某投资公司承担。

【法院裁判要旨】

湖北省宜昌市西陵区人民法院经审理认为：王某某与某投资公司之间的民间借贷法律关系经人民法院生效判决予以确认。借贷双方约定债权人为实现债权发生的律师代理费由借款人承担，且王某某2020年支付的律师费90万元已经在生效判决中予以处理。此后，因某投资公司申请再审，王某某为应对再审审查、重审审理的诉讼流程又开支了律师费110万元。某投资公司明知《借款合同》中关于律师费的约定，其在提起再审申请时可以预见若再审程序未支持其再审请求，则王某某开支的110万元律师费将会按约定处理，而经过再审程序重新审理所作出的生效裁判文书对原判决认定的民间借贷事实并未改变，故王某某为此开支的110万元律师费应当由某投资公司等按债务比例承担。

湖北省宜昌市西陵区人民法院判决如下：

一、某硅业公司承担王某某律师代理费931238元；

二、某水电公司承担王某某律师代理费168762元；

三、某投资公司及周某对某硅业公司、某水电公司的上述给付义务承担连带清偿责任；

四、驳回王某某的其他诉讼请求。

某投资公司不服一审判决，提出上诉。

湖北省宜昌市中级人民法院经审理认为：王某某起诉主张律师费的依据是《借款合同》中关于“债权人为实现债权发生的一切费用由借款人承担，包括但不限于发生的诉讼费、律师费和差旅费等”的约定，律师费的数额则依据其与律所签订的《律师代理合同》。在前诉民间借贷纠纷案件中已经判决由债务人承担其律师代理费90万元的基础上，王某某再单独提起诉讼主张后续程序发生的律师代理费110万元，应考量是否超出了借款人签订合同时的最大损失预见规则，是否属于合理必要范围，应当参照当地律师行业收费标准，并结合案件性质、案件标的、难易程度、律师服务成本及服务内容等因素，综合判断认定。

关于宜昌本地律师行业收费标准问题，自2018年12月1日起，湖北省律师服务收费和基层法律服务收费全面实行市场调节价。虽然，目前法律服务收费标准原则上系由律所和委托人协商确定，但是从宜昌地区律师事务所普遍公示的服务收费标准来看，仍然参照了《宜昌市律师协会关于印发〈宜昌市律师服务收费指导意见（暂行）〉的通知》［宜律通（2016）5号］的规定，即1000万元至5000万元（含5000万元）收费比例一般为不超过5%的收费标准。按照王某某在民间借贷案件中的标的额本息1400余万元为基数计算，经生效判决支持的90万元律师代理费已经高于本地一般收费标准。同时考虑到，民间借贷案件虽然历经五道诉讼程序，但王某某委托的是同一名律师，且即使经过再审，案件基本事实并未发生实质性改变。尽管王某某与其委托的律师之间如何付费属于意思自治范畴，但是王某某转而向债务人主张之时，其重复计费实属加重了债务人负担，亦超出了合理必要范围。担保人某某投资集团承担担保责任的范围当然也不及于该110万元。

湖北省宜昌市中级人民法院依据《中华人民共和国民法典》第六条、第五百八十四条、第六百九十一条，《中华人民共和国民事诉讼法》第一百七十七条第一款第二项之规定，判决如下：

一、撤销湖北省宜昌市西陵区人民法院（2022）鄂0502民初3185号民事判决；

二、驳回王某某的诉讼请求。

【法官后语】

守约方诉请违约方承担其为主张债权产生的费用损失，属于主张违约责任的范畴，一般而言，双方对律师费的承担事先有约定，又实际已支付的，应当得到支持。但是，律师收费标准全面实行市场调节价以后，当守约方支付的律师费明显过高时，最后是否全部由违约方承担，或者是否应设定比例或最高额限制，审判实践中对于标准如何把握存在不同认识。

一、守约方主张律师费给付之诉的请求权基础

明确诉讼当事人的请求权基础是民商事案件进入实体审理的第一步。守约方起诉违约方承担其为主张债权支付的律师费的诉请，常见于借款合同纠纷之中。债权人作为守约方的请求权基础是双方之间的借款合同关系。《借款合同》中关于“债权人实现债权的费用由债务人承担”的约定，未明确实现债权费用的数额或上限，债务人作为违约方要承担的该部分费用在《借款合同》签订时尚处于不确定状态，其中的律师费依赖于《律师代理合同》的约定。

二、守约方主张违约方承担律师费的法律依据

债权人向债务人主张律师代理费的依据实际包含了《借款合同》和《律师代理合同》两份合同。其一，对于《借款合同》的约定，违约方承担因违约行为给守约方造成的损失，依据《中华人民共和国民法典》第五百八十四条的规定，违约一方承担的损失不得超过合同订立时预见到或者应当预见到的因违约可能造成的损失，即违约损失赔偿应遵循可预见性规则。债务人承担律师代理费除了考察合同约定和是否实际履行以外，还应考察是否符合可预见性规则。

其二，对于《律师代理合同》的约定，依据合同相对性原则，《律师代理合同》只约束合同当事人王某某和其委托的代理人，但结合《借款合同》的约定，律师代理费的最终承担者是债务人，也就是说，《律师代理合同》事实上为合同外第三人的债务人设定了义务。因此，在律师代理费的问题上，在委托方和受托方之间遵循合同意思自治原则，但涉及向第三方主张之时，则应当基于民法的公平原则，考量是否超出了合理必要范围。

三、守约方主张违约方承担律师费的裁判标准

如何确定违约方承担律师费的“合理必要范围”在审判实践中有不同认识。本案中，对于标准的把握，参考本地律师行业服务收费的市场标准，结合案件性质、案件标的、难易程度、律师服务成本及服务内容等因素，综合确定“合理必要范围”。王某某在民间借贷案件中主张债权本金600余万元，本息合计1400余万元，该生效判决中已经支持其90万元律师代理费，已经高于本地律师行业一般收费标准，也足以覆盖其主张债权的损失，因此，对于其再行起诉向债务人主张后续的110万元代理费，实属超出了合理必要范围，也不具有可预见性，可视为其单方加重债务人负担，不应得到支持。

本案通过深入探寻守约方律师费给付之诉的请求权基础，及蕴含的两重法律关系，逐层递进对涉案的《借款合同》《律师代理合同》的合同相对性及法律约束力进行深入解析，对守约方主张违约损失赔偿应遵循可预见性规则，以及转嫁律师代理费的约定应在意思自治原则基础上遵循公平原则进行充分论证，揭示出违约方承担律师费应以“未超出合理必要范围”为考量依据。为守约方与违约方律师费负担标准问题确立了裁判标准，也对于律师服务行业代理费收取及转嫁的不当行为，具有一定的规范和指引作用。

编写人：湖北省宜昌市中级人民法院　鄢睿　向晓琳

6

名为合伙（投资或合作）实为借款的法律关系认定

——周某某诉某酒厂、裴某某合伙合同案

【案件基本信息】

1. 裁判书字号

湖北省松滋市人民法院（2023）鄂1087民初1293号民事判决书

2. 案由：合伙合同纠纷

3. 当事人

原告：周某某

被告：某酒厂、裴某某

【基本案情】

2022年8月14日，周某某（甲方）与裴某某、某酒厂（乙方）签订合作协议一份，约定：经甲乙双方协商约定，共同生产销售某窖藏一号白酒，合作共赢，利益共享，具体约定如下：一、甲方投资与乙方共同生产2000件某窖藏一号白酒，每件95元，合计19万元整，乙方负责生产销售；二、甲方投资方式为合同签订之日起付款50%计9.5万元整，2022年8月31日甲方验收2000件窖藏一号包装酒（每件六瓶）后付投资尾款9.5万元整；三、乙方负责销售，按照每件125元价格同甲方结算，分四次向甲方支付投资额及销售利润，每次支付6万元，支付日期分别为2022年10月16日、2022年11月16日、2022年12月16日、2023年1月16日；四、双方按以上约定共同执行，资金支付如有违约，按照每天千分之五的利息支付违约金。

2022年8月15日，周某某依约向裴某某支付宝账户转账95000元，并于

2022年8月31日，周某某与裴某某签订《补充协议》一份，载明“经双方协商，合作金额为95000元，大写玖万伍仟圆，分别于2022年10月16日、11月16日、12月16日、1月16日分四次，每次给予周某某3万元，大写人民币叁万圆整，裴某某，2022年8月31日”。后裴某某共向周某某返还款项75000元。因催讨未果，周某某起诉要求支付余款45000元。

【案件焦点】

周某某、裴某某及某酒厂间的法律关系。

【法院裁判要旨】

湖北省松滋市人民法院经审理认为：（1）《中华人民共和国民法典》第九百六十七条规定，合伙合同是两个以上合伙人为了共同的事业目的，订立的共享利益、共担风险的协议。故，利益共享、风险共担是合伙关系的本质特征。而本案双方当事人订立的《合作协议》及补充协议均表明，周某某只享有按约定数额分配利润的权利，对合伙经营风险无须承担责任，该合作协议及补充协议不符合合伙合同的特征，双方实际建立的是民间借贷法律关系。95000元投资款实际是借款，协议关于固定收益和违约金的约定应视为对借款利息的约定。（2）合作协议中虽然加盖了“某酒厂”的公章，但后签订的补充协议已经对其作出了实质性变更，且补充协议上仅有裴某某个人的签名，是裴某某与周某某对借款本息达成的新的一致意见，下欠款项理应由裴某某承担还款责任。

按照协议约定，周某某提供95000元借款本金，裴某某须向其返还120000元，其中借期内利息约定为25000元。从借款之日（2022年8月15日）至最后还款之日（2023年1月16日）共计借款期限154天，折合年利率为62.65%，且约定如一方违约应按照每天千分之五的利息向对方支付违约金。双方既约定了借款利率又约定了违约金，周某某可一并主张或者选择主张，但总计不得超过法律规定的民间借贷利率上限。按照《最高人民法院关于审理民间借贷案件适用法律若干问题的规定》（法释〔2020〕17号）第二十五条规定，出借人要求借款人按照合同约定利率支付利息的，人民法院应予支持，但是双方约定的利率超过合同成立时一年期贷款市场报价利率四倍的除外。据此，周某某与裴某某之间关于利息和违约金的约定超过国家规定的利率保护上限，依法将借款利率调整为合同成立时一年期 LPR 的四倍即年利率 14.8%。

经计算，借期内利息为 5905.2 元。裴某某已还款 75000 元，《中华人民共和国民法典》第五百六十一条规定，债务人在履行主债务外还应当支付利息和实现债权的有关费用，其给付不足以清偿全部债务的，除当事人另有约定外，应当按照下列顺序履行：（1）实现债权的有关费用；（2）利息；（3）主债务。周某某与裴某某对清偿顺序没有约定，已还款项 75000 元按照先息后本的原则予以冲抵。截至 2023 年 1 月 17 日，裴某某下欠周某某借款本金 25905.2 元［95000 元-（75000 元-5905.2 元）］。湖北省松滋市人民法院判决：

一、裴某某偿还周某某借款本金 25905.2 元，并支付以借款本金 25905.2 元为基数从 2023 年 1 月 17 日起至清偿之日按年利率 14.8%计算的利息；

二、驳回周某某的其他诉讼请求。

周某某、某酒厂、裴某某均服从判决。

判决后，双方当事人均未上诉，本判决已生效。

【法官后语】

合伙（投资或合作）是指一定的经济主体为了获取预期不确定的收益或社会效益而将现期的一定资财（有形或无形）转化为资本的过程。合伙（投资或合作）的本质特点是共同出资、共同经营、共同利益、共担风险。民间借贷是指自然人之间、自然人与法人或其他组织之间，以及法人或其他组织相互之间，以货币或其他有价证券为标的进行资金融通的行为。《中华人民共和国民法典》第六百六十七条对借款合同的定义为“借款人向贷款人借款，到期返还借款并支付利息的合同”。民间借贷的基本特点是固定回报、不担风险。

法律关系的性质界定，不应受制于当事人之间签订合同的外观和名称，而应由当事人的真实意思表示、合同的实质内容以及实际履行情况来综合认定。

一、当事人双方的真实意思表示

首先看合同的目的和实际履行情况表明双方真实意思是借贷还是合伙（投

资或合作）。合伙（投资或合作）的特征之一是共同经营，以达到获取经济收益的目的；而借贷的目的多样，如不收取利息的无偿借款并不带有获取额外收益的目的，并且债权人给付借款完成后并不参与债务人公司对价款的经营管理。在实务中，可以依据转账时是否有备注为投资款或借款，以及聊天记录或合同约定等能体现出双方借贷或投资意思表示的证据。

二、当事人的行为性质

因民间借贷法律关系而产生的借款属于债权，并且一般所有物的所有权发生转移；合伙（投资或合作）法律关系虽然也是协议行为，但因其行为在本质上属于投资者对自己所有款项的一种处分行为，故合伙（投资或合作）本身并不直接产生债权，并且仅是占有发生一定变化，但仍享有不完全的支配权、使用权和处分权。

三、交易双方是否存在利息与收益约定

合伙（投资或合作）关系的款项受益不具有确定性，区别于借贷利息的固定偿还模式。借贷关系通常是出借人出借本金后，另一方在借款期限结束后返还本金和利息，具有稳定的收益，不随公司盈亏而变化。而合伙（投资或合作）关系中投资的收益是未知的、不确定的，回报时间也是不固定的，要视经营情况而定，需要承担一定风险。故在收益取得上，如果合同的本质是出资方向公司转让股权或增加股本，并没有明确规定本金和利息的概念，只约定了一个固定的分成比例，则为投资；如果合同明确约定了债权人支付的本金和利息的数额、期限、方式等内容，并且这些内容符合借贷合同的法律要件，则为借贷。如果交易双方没有明确约定上述内容，则应当根据交易行为的实际情况进行判断。

四、交易双方是否存在风险与收益共担

如果交易双方共同出资、共同经营、共享利益、共担风险，则该交易行为属于投资行为。如投资方参与被投资方经营管理决策，或者按照股权比例享有被投资方利润分配、损失承担、增减资本、清算等权利和义务，则该交易行为属于投资行为。如不符合上述条件，则该交易行为属于借贷行为。如债权人仅仅向债务人提供款项，而不参与债务人的经营管理或对经营管理的事务不享有知情权、决策权等，并只获取固定的收益，则该交易行为属于民间借贷行为。

尤其是风险承担，投资人面对不利后果时，在利益的驱使下往往指投资为借贷，又或是被投资人指借贷为投资，以逃避还款。投资本身具有盈亏自负的风险，投资人无权随意要求撤回投资款，强行撤回可能构成抽逃出资，严重的还有可能构成刑事犯罪；而借贷借款人承担的风险较小，并且可以通过担保、债务转移等方式在债务人不履行到期债务时保护自己的借款。

在本案中，案涉合作协议虽然约定“合作共赢，利益共享”，但从双方约定的内容来看，周某某不承担生产风险，只收取固定数额的收益，即该协议书排除了双方共担合作风险的情形，其实质在于周某某所得的回报与合作结果无关，故本案最终按照民间借贷纠纷来处理，宣判后，各方均服判。本案的处理为今后类似名为合伙（投资或合作）实为借款的法律关系认定提供了参考。

编写人：湖北省松滋市人民法院　周姚桃

二、保　证

7

保证人在主债务履行期限届满前死亡的继承人不需要在继承的财产范围内承担保证责任

——某银行诉外贸鸡场公司等金融借款合同案

【案件基本信息】

1. 裁判书字号

广西壮族自治区岑溪市人民法院（2023）桂0481民初393号民事判决书

2. 案由：金融借款合同纠纷

3. 当事人

原告：某银行

被告：外贸鸡场公司、李某甲、陈某某、刘某某、黄某某、李某乙

【基本案情】

2021年1月25日，原告与被告外贸鸡场公司签订《流动资金借款合同》，约定外贸鸡场公司向原告借款7700000元用于归还外贸鸡场公司在原告处的流动资金贷款，借款期限为2021年1月25日至2022年7月25日；本合同项下借款逾期的，罚息利率为在本合同约定的借款利率水平上加收50%，如借款利率为浮动利率的，罚息利率根据调整后的利率及前述加收幅度同时进行相应调整；

本合同项下的借款逾期或借款人未按本合同约定用途使用借款时，对借款人不能按期支付的利息，按本合同约定的罚息利率计收复利。同日，原告与杨某某；原告与陈某某、刘某某；原告与黄某某、李某乙分别签订《保证合同》，约定杨某某、陈某某、刘某某、黄某某、李某乙为外贸鸡场公司上述借款提供连带责任保证；并于同日与杨某某签订《质押合同》，约定杨某某以其持有的外贸鸡场公司的95.53%的股权质押为外贸鸡场公司上述借款提供担保；原告与陈某某、刘某某签订《质押合同》，约定陈某某以其持有的外贸鸡场公司的3.79%的股权质押为外贸鸡场公司上述借款提供担保；原告与黄某某、李某乙签订《质押合同》，约定黄某某以其持有的外贸鸡场公司的0.68%的股权质押为外贸鸡场公司上述借款提供担保。2021年1月29日，岑溪市市场监督管理局为上述质押股权办理质押登记手续。合同签订后，原告向被告外贸鸡场公司发放了贷款7700000元。2022年10月17日，被告外贸鸡场公司向原告提出展期申请。2022年10月21日，被告外贸鸡场公司、陈某某、刘某某、黄某某、李某乙与原告签订《借款展期协议》，将借款展期至2023年4月25日；同时，被告陈某某、刘某某、黄某某、李某乙向原告提供《同意展期承诺书》，表示同意办理借款的展期事宜，并同意继续提供担保。截至2023年2月7日，被告外贸鸡场公司尚欠原告本金7700000元、利息99062.64元。

另查明，庭审中，原告表示《流动资金借款合同》已经到期，不再请求法院判决解除原告与被告外贸鸡场公司签订的《流动资金借款合同》，被告均表示没有异议。2022年3月8日，杨某某因各种疾病死亡。被告李某甲是杨某某的儿子，是其唯一的法定继承人。

【案件焦点】

法定继承人李某甲是否要在继承杨某某的遗产范围内对外贸鸡场公司的借款本息、诉讼费用等承担保证责任。

【法院裁判要旨】

广西壮族自治区岑溪市人民法院经审理认为：本案原告与被告签订的《流

动资金借款合同》《保证合同》《质押合同》《借款展期协议》，是双方当事人的真实意思表示，没有违反法律、行政法规强制性规定，合法有效。当事人应当按照合同约定全面履行自己的义务。原告已按合同约定发放了贷款，被告外贸鸡场公司应当按照合同约定归还借款。贷款到期后，被告外贸鸡场公司没有按照约定归还借款本息，已构成违约，因此，原告起诉要求被告外贸鸡场公司归还贷款本息，具有事实和法律依据，法院予以支持。关于借款的利息问题，原告提供的欠息查询表和明细表虽然均是原告单方制作，但经法院与原告庭后提供的明细核对，计算至2023年2月7日，被告外贸鸡场公司尚欠利息99062.64元无误，且被告没有提供证据证明外贸鸡场尚欠原告的利息金额。因此，对原告主张被告外贸鸡场公司尚欠利息99062.64元（计算至2023年2月7日），法院予以采信。

关于被告刘某某、李某乙是否是本案借款的保证人、是否是本案适格的被告问题。法院认为，刘某某、李某乙在《保证合同》上保证人处签名，并在《同意展期承诺书》上担保人处签名，因此，刘某某、李某乙均是本案借款的保证人，是本案适格的被告。

关于《流动资金借款合同》第4.3.2条、第4.5.2条和《保证合同》第二条是否无效或是否不成为合同内容的问题。法院认为，《流动资金借款合同》第4.3.2条、第4.5.2条和《保证合同》第二条，是双方当事人的真实意思表示，该条款不属于免除或者减轻原告责任、加重被告责任、限制被告主要权利的格式条款，被告以原告对该条款没有履行提示或者说明义务而主张该条款无效或不成为合同的内容，法院不予支持。因此，原告按合同约定计算罚息、复利，符合双方的约定；原告诉请要求被告陈某某、刘某某、黄某某、李某乙对外贸鸡场公司的借款本息承担连带清偿责任，符合双方的约定，法院予以支持。

关于保证人是否在出质股权未能清偿全部债务时才承担清偿责任的问题。根据原告与被告在《保证合同》中的约定，即使债权人主债权存在其他各种担保形式，无论该种担保由何方提供，债权人均有权要求保证人先承担保证责任。因此，被告主张在出质股权未能清偿全部债务时才承担清偿责任，没有事实和法律依据，法院不予支持。

关于李某甲是否是本案的适格被告以及是否应在继承杨某某的遗产范围内对外贸鸡场公司的借款本息、诉讼费用承担连带清偿责任的问题。法院认为，杨某某是借款的担保人，李某甲作为杨某某的继承人，原告将李某甲列为被告并无不当。保证期间是确定保证人承担保证责任的期间，保证债权产生时间节点为保证期间起算时，而继承人以所得遗产实际价值为限清偿被继承人的债务。杨某某在《流动资金借款合同》履行期间死亡，保证义务尚未转化为保证责任，即保证债权债务尚未产生。因此，原告诉请要求李某甲在继承杨某某的遗产范围内对外贸鸡场公司的借款本息、诉讼费用承担连带清偿责任，没有法律依据，法院不予支持。

为担保债务的履行，债务人或者第三人将其动产出质给债权人占有的，债务人不履行到期债务或者发生当事人约定的实现质权的情形，债权人有权就该动产优先受偿。杨某某以其持有的外贸鸡场公司的95.53%的股权、陈某某以其持有的外贸鸡场公司的3.79%的股权、黄某某以其持有的外贸鸡场公司的0.68%的股权质押为外贸鸡场公司上述借款提供担保，并办理了质押登记手续。因此，原告对登记在杨某某名下的外贸鸡场公司的95.53%的股权、登记在陈某某名下的外贸鸡场公司的3.79%的股权、登记在黄某某名下的外贸鸡场公司的0.68%的股权享有优先受偿权。

原告与被告外贸鸡场公司签订的《流动资金借款合同》已于2023年4月25日到期。庭审中，原告表示不再请求法院判决解除原告与被告外贸鸡场公司签订的《流动资金借款合同》，法院予以准许。

广西壮族自治区岑溪市人民法院依照《中华人民共和国民法典》第四百二十五条第一款、第四百四十六条、第五百零二条第一款、第五百零九条第一款、第五百七十七条、第六百七十四条、第六百七十五条、第六百七十六条、第六百八十八条、第六百九十二条第一款、第一千一百六十一条第一款，《中华人民共和国民事诉讼法》第六十七条第一款和《最高人民法院关于适用〈中华人民共和国民事诉讼法〉的解释》第九十条规定，判决如下：

一、被告外贸鸡场公司在本判决生效后十日内归还借款本金7700000元及利息99062.64元（利息暂计至2023年2月7日止，以后利息按合同约定另计至本息还清日止）给原告某银行；

二、被告陈某某、刘某某、黄某某、李某乙对被告外贸鸡场公司上述应偿还的贷款本息承担连带清偿责任；

三、原告某银行对登记在杨某某名下的外贸鸡场公司的95.53%的股权、登记在陈某某名下的外贸鸡场公司的3.79%的股权、登记在黄某某名下的外贸鸡场公司的0.68%的股权享有优先受偿权；

四、驳回原告某银行的其他诉讼请求。

一审宣判后，当事人均未上诉，现判决已发生法律效力。

【法官后语】

保证是一种常见的担保方式，保证合同是为保障债权的实现，保证人和债权人约定，当债务人不履行到期债务或者发生当事人约定的情形时，保证人履行债务或者承担责任的合同。对于保证人的自然人在主债务履行期限届满前死亡时，主债权人可否请求保证人的继承人在其所得遗产实际价值范围内承担保证责任这个问题，目前法律上没有明确规定。司法实践存在两种截然相反的做法。一种观点认为，债务履行期限届满前保证人死亡的，保证义务尚未转化为保证责任，保证责任未产生，故保证人的继承人在其所得遗产实际价值范围内不用承担保证责任。另一种观点则认为，保证人在签订保证合同时，保证责任已产生，保证人在借款期间死亡的，保证人的继承人应在遗产范围内承担保证责任。笔者赞成第一种观点。

首先，要弄清楚保证义务与保证责任这两者的区别。保证义务是债权人和保证人通过订立保证合同为保证人设置的民事义务，该义务内容是保证人将来可能的债务负担，该义务亦有可能基于主债务人的自动履约导致灭失，不会产生必然的债权债务关系。保证义务在保证合同生效时便已产生。而保证责任则是债务人到期未清偿债务，依照约定或法律的规定，由保证人承担的一种民事责任，保证责任是债权人在保证期间内向保证人主张承担保证责任时产生。保证义务是保证责任产生的前提条件，而保证责任是保证义务法律关系显性发生时的责任承担，只有当保证义务转化为保证责任后，保证人才需承担保证之债。

其次，在保证人死亡后的遗产是否应当用来承担保证责任的问题上，应当考量保证人死亡之时，保证义务是否已经转化为保证责任，保证责任是否已经产生。如果保证人死亡时保证责任尚未产生，那么保证人的遗产不应用来承担保证责任；反之，如果保证人死亡之时保证责任已经产生，保证人所承担的保证义务已经转化为保证责任，那么其遗产应当先用来承担保证责任，其余才能进行遗产分配。在连带责任保证时，债务人到期未履行债务，连带责任保证人就应当承担保证责任，其所承担的保证义务即转化为保证责任，因此，连带责任保证的保证责任产生以债务履行期届满、债务未得到清偿为标准，保证责任产生时间也即债务履行期届满之日。

最后，在本案中，杨某某在《流动资金借款合同》履行期间死亡，保证义务尚未转化为保证责任，即保证债权债务尚未产生。因此，原告诉请要求李某甲在继承杨某某的遗产范围内对外贸鸡场公司的借款本息、诉讼费用承担连带清偿责任，没有法律依据，法院不予支持。

编写人：广西壮族自治区岑溪市人民法院　李洁萍

8

保证人死亡后继承人是否承担保证责任的认定标准

——担保公司诉木业公司等追偿权案

【案件基本信息】

1. 裁判书字号

广西壮族自治区柳州市城中区人民法院（2023）桂0202民初1854号民事判决书

2. 案由：追偿权纠纷

3. 当事人

原告：担保公司

被告：木业公司、郑某某、王某甲、梁某甲、梁某乙、王某乙、何某甲、何某乙、黄某甲、赵某某、侯某某、郑某、宁某某、黄某乙

【基本案情】

2019年12月20日，木业公司向银行借款300万元，委托担保公司为该笔贷款提供担保，各方分别签订了《人民币借款合同》《最高额委托保证合同》及《保证合同》。黄某甲、赵某某、侯某某以名下房产向担保公司提供抵押反担保，郑某某、王某甲、梁某甲、黄某伟、王某乙、何某甲、何某乙、黄某甲、赵某某、侯某某、郑某向担保公司提供保证反担保，各方分别签订了《最高额抵押反担保合同》及《最高额保证反担保合同》，对反担保范围、保证期间进行了约定，并约定债务履行期限展期无须经反担保人同意。后案涉贷款展期至2022年10月15日，担保公司与木业公司签署了《最高额委托保证展期（延期）合同》。

由于木业公司未按借款合同约定还本付息，担保公司基于银行的代偿通知书于2022年9月30日、11月25日为木业公司代偿共计1985795.15元。因木业公司未按约定支付代偿款，担保公司诉至法院要求其支付代偿款、违约金、律师代理费、诉讼保全责任保险费共计2128666.15元，主张对案涉抵押房产折价或者以拍卖、变卖所得价款优先受偿，并要求保证人承担连带保证责任。由于作为保证人之一的黄某伟已于2020年4月30日死亡，担保公司还要求其法定继承人梁某甲、梁某乙、宁某某、黄某乙在继承遗产价值范围内对木业公司的债务承担连带保证责任。

【案件焦点】

保证人在债务履行期限届满前死亡，继承人是否需要在继承遗产价值范围内承担连带保证责任。

【法院裁判要旨】

广西壮族自治区柳州市城中区人民法院经审理认为：关于黄某伟的继承人即被告梁某甲、梁某乙、黄某乙、宁某某的责任问题。黄某伟生前自愿为案涉债务向担保公司提供连带责任保证反担保，由此黄某伟负有保证义务，但保证义务并不等同于保证责任。保证义务于保证合同生效时产生，其内容是保证人可能的债务负担，保证责任的产生则以主债务到期未清偿及债权人主张权利为前提。本案中，保证人黄某伟在主债务履行期限届满前死亡，其保证义务尚未转化为保证责任就因其死亡而消灭，故其继承人无须在继承遗产范围内承担保证责任，担保公司要求被告梁某甲、梁某乙、黄某乙、宁某某在继承黄某伟遗产价值范围内对木业公司的债务承担连带保证责任缺乏依据，不予支持。

广西壮族自治区柳州市城中区人民法院依照《中华人民共和国合同法》第六十条第一款、第一百零七条，《中华人民共和国担保法》第十八条、第三十一条、第三十三条，《最高人民法院关于适用〈中华人民共和国民法典〉时间效力的若干规定》第一条第二款之规定，作出如下判决：

一、被告木业公司向原告担保公司支付代偿款 1985795.15 元；

二、被告木业公司向原告担保公司支付违约金 63085 元（违约金暂计至 2023 年 2 月 10 日，之后的违约金以 1985795.15 元中尚未归还的款项为基数，按年利率 14.6%另计至实际清偿之日止）；

三、被告木业公司向原告担保公司支付律师代理费 74466 元、诉讼保全责任保险费 5320 元；

四、被告木业公司不履行上述债务时，原告担保公司有权在抵押担保范围内以抵押物折价或者以拍卖、变卖抵押物所得价款优先受偿，被告黄某甲、赵某某、侯某某在实际承担抵押担保责任后，有权向被告木业公司追偿；

五、被告郑某某、王某甲、梁某甲、王某乙、何某甲、何某乙、黄某甲、郑某对被告木业公司的上述债务承担连带保证责任，且在承担保证责任后，有权向被告木业公司追偿；

六、驳回原告担保公司的其他诉讼请求。

【法官后语】

与抵押、质押等物保方式下债权人可直接就担保物主张权利不同，债权人与保证人之间属于请求权关系，只能请求保证人履行保证责任，不能直接对保证人的财产主张权利。关于保证人在主债务履行期限尚未届满时死亡，当主债务到期后，债务人不按时清偿债务，在保证期间内，债权人能否要求保证人的继承人承担保证责任的问题，我国现行法律并无明确规定。在司法实践中，主要存在三种观点。第一种观点认为，保证属人保，是保证人以个人信用来保障债权的实现，债权人与保证人之间是可期待的信用关系，这种关系具有人身专属性，不能继承，保证人的个人信用随保证人的死亡而消灭，因此保证人死亡后其保证责任也归于消灭。第二种观点认为，保证虽然具有一定的人身属性，但并不能脱离财产关系而单纯依附在人身信用上，其本质仍是以保证人所拥有的不特定财产为债权提供担保，保证人虽死亡，但责任财产仍然存在，其生前所负债务并不能因死亡而免除，应由继承人在继承遗产范围内清偿。第三种观点认为，应当根据主债务履行期限与保证人死亡时间，区分保证义务是否向保证责任转化分别进行处理。本案采纳了第三种观点。

正确处理保证人死亡后的法律责任问题，必须准确把握保证义务和保证责任之间的辩证关系。具体到本案中，保证义务是担保公司与黄某伟通过订立《最高额保证反担保合同》为黄某伟设定的民事义务，其内容是黄某伟将来可能的债务负担，属于或有负债。保证责任则是债务人到期未清偿债务，黄某伟依照约定或者法律规定所承担的民事责任，属于真实的债务负担。根据法理学关于义务与责任的理论，法律责任是当事人违反义务的结果，保证义务和保证责任也是如此。黄某伟的保证义务自《最高额保证反担保合同》依法成立时产生，而保证责任在债务到期未得到清偿或担保公司在保证期间内主张权利时产生，两者的联系在于保证义务是保证责任的前提，保证责任是保证义务的转化，当保证义务转化为保证责任后，黄某伟才需承担保证之债。

因此，判断黄某伟的继承人是否应当在继承遗产价值范围内承担保证责任，关键在于黄某伟死亡之时保证责任是否已产生，即保证义务是否转化为保证债务。如果主债务尚未到期或担保公司未主张权利，黄某伟是否承担保证责任处于一种或然状态，该保证义务尚未具体转化为财产责任，若此时黄某伟死亡，由于保证关系一方已死亡，不宜再以其遗产担保债权的实现。反之，如果债务已经到期且未获清偿，此时黄某伟所承担的保证义务已转化为保证责任，或有负债已转化为实有负债，黄某伟为债权提供担保的责任已经具体化为指向其财产的责任，在此阶段死亡的，其继承人应当以继承的遗产价值为限清偿已经发生的保证责任。本案属于第一种情况，案涉《最高额保证反担保合同》为黄某伟设定的保证义务仅属于或有负债，作为保证人的黄某伟在主债务履行期限届满前死亡，其保证义务尚未转化为保证责任就因其死亡而消灭，故对于担保公司要求其继承人在继承遗产价值范围内承担连带保证责任的诉讼请求，法院不予支持。

编写人：广西壮族自治区柳州市城中区人民法院 郭娜 龙炜林

9

仅有公司公章但没有法定代表人或授权代理人签字的公司对外担保行为的效力认定

——某农商行诉某农业发展公司等金融借款合同案

【案件基本信息】

1. 裁判书字号

广西壮族自治区百色市中级人民法院（2023）桂10民终1956号民事判决书

2. 案由：金融借款合同纠纷

3. 当事人

原告（被上诉人）：某农商行

被告（上诉人）：某实业公司

被告（被上诉人）：某农业发展公司、江某某、程某某、叶某某、杨某某

【基本案情】

2020 年 12 月 29 日，某农商行与某农业发展公司签订《流动资金借款合同》，约定某农业发展公司向某农商行借款 200 万元，借款用途为偿还另一合同项下借款人所欠的债务，借款期限为一年，即 2020 年 12 月 29 日至 2021 年 12 月 28 日。江某某、程某某系夫妻，二人为某实业公司的股东，江某某系某实业公司的法定代表人。2020 年 12 月 29 日，某实业公司、江某某、程某某、叶某某、杨某某与某农商行签订了《保证担保合同》，约定为某农业发展公司的 200 万元借款提供连带责任保证，但江某某、程某某未在合同上签字，保证担保合同的保证期间为债务到期日起三年。同时，某实业公司、叶某某、杨某某还分别向某农商行出具了《借款保证承诺书》。合同签订后，某农商行于当日向某农业发展公司支付了 200 万元借款本金。借款期限届满后，由于某农业发展公司未能按时偿还借款，某农商行向法院提起诉讼。

另查明，本案借款 200 万元系某农业发展公司自 2015 年起即开始向某农商行借贷，且均由某实业公司、江某某、程某某、叶某某、杨某某为贷款作担保。贷款的借款期限为一年，每年期限届满后，各方当事人均重新签订借款合同、保证担保合同、借款保证承诺书等借贷材料。在本案借款前的多次借贷中，某实业公司的法定代表人江某某均在全部借贷材料中签字捺印，并出具有股东江某某、程某某签字的股东会决议。但在本案借款的借贷材料以及股东会决议中，仅有实业公司的盖章，没有江某某、程某某的签字。

【案件焦点】

1. 仅有公司公章但没有法定代表人或授权代理人签字的公司对外担保行为能否认定为公司的真实意思表示；2. 该行为的效力如何。

【法院裁判要旨】

广西壮族自治区西林县人民法院经审理认为：《中华人民共和国民法典》第四百六十五条第一款规定："依法成立的合同，受法律保护。"本案中，某农商行与某农业发展公司签订《流动资金借款合同》，系当事人真实意思表示，不违反法律规定，合同依法成立并生效。某农商行按照合同约定已向被告发放了200万元贷款，其已履行了合同义务。某农业发展公司没有按合同约定履行还款义务，已构成违约。对于某农商行要求某农业发展公司偿还借款本金200万元及逾期利息的诉讼请求，有事实和法律依据，予以支持。对于某实业公司、江某某、程某某、叶某某、杨某某是否应该对上述债务承担连带担保责任的问题。本案中，该笔债务的借款期限虽然是一年，但是双方签订的保证担保合同的保证期间为三年，因此，担保期限尚未届满。在保证合同中，江某某、程某某并未在合同中签字确认，也并未出具借款保证承诺书，其不应对该债务承担连带担保责任；某实业公司、叶某某、杨某某在合同中作为保证人签字盖章，并签有借款保证承诺书，应对该债务承担连带担保责任。广西壮族自治区西林县人民法院判决如下：

一、某农业发展公司于本判决生效之日起20日内向某农商行偿还借款本金200万元及逾期利息，利率按合同约定的5.15%计算至实际清偿之日止；

二、某实业公司、叶某某、杨某某对上述债务承担连带偿还责任；

三、驳回某农商行的其他诉讼请求。

某实业公司不服一审判决，提出上诉。

广西壮族自治区百色市中级人民法院经审理认为：某农业发展公司自2015年起即向某农商行借贷涉案借款，且均由某实业公司、叶某某、杨某某为贷款作担保。贷款的借款期限为一年，每年期限届满后，各方当事人均重新签订借款合同、保证担保合同、借款保证承诺书等借贷材料。2015年至2019年，某实业公司在签署相关借贷材料时，不仅盖有公司公章，还有法定代表人江某某的签字及捺印。在某实业公司出具的股东会决议或董事会决议中，亦盖有该公司的公章和股东江某某、程某某的签字及捺印。且在签署借贷材料时，某农商行对借款人和担保人的签字过程进行拍照记录。而某农商行提交的各方当事人于 2020 年 12 月 29 日签订的借贷材料中，保证担保合同、借款保证承诺书和某实业公司股东会决议仅有某实业公司的公章和法定代表人的印章，没有某实业公司股东江某某和程某某的签字，江某某和程某某亦表明不同意继续为 2020 年 12 月 19 日之后续贷的借款作担保。因此，从各方当事人在办理涉案借款的借贷和担保手续等签订习惯来看，在 2020 年 12 月 19 日续贷时签署的借贷材料中，仅有某实业公司的公章和法人印章，没有股东江某某和程某某的签字，应视为某实业公司未作出继续为借款作担保的意思表示。某实业公司抗辩其未召开股东会决议同意继续为贷款担保，不具备继续担保的真实意思表示理由成立，予以支持。一审认定某实业公司为涉案债务的担保人并承担连带担保责任不当，予以纠正。

广西壮族自治区百色市中级人民法院依照《中华人民共和国民事诉讼法》第一百七十七条第一款第二项规定，作出如下判决：

一、维持西林县人民法院（2023）桂 1030 民初 514 号民事判决第一项；

二、变更西林县人民法院（2023）桂 1030 民初 514 号民事判决第二项：叶某某、杨某某对上述债务承担连带偿还责任；

三、撤销西林县人民法院（2023）桂 1030 民初 514 号民事判决第三项；

四、驳回某农商行的其他诉讼请求。

【法官后语】

公司作为重要的民商事主体，公司意思表示真实是公司民事法律行为有效的重要条件。公司对外进行担保时，如果仅有公司公章而没有法定代表人或授权代理人的签字，能否认定为公司的真实意思表示，这一问题在审判实践中认定公司对外担保行为的效力尤为重要。在审理该类案件时，应当重点审查以下三个方面：一是盖章人是否有代表权或代理权；二是相对人是否尽到注意义务；三是结合交易习惯判断是否是公司的真实意思表示。

1. 仅有公司公章但没有法定代表人或授权代理人的签字，应当审查盖章人是否有代表权或代理权，从而判断公司对外担保行为的效力。2019 年出台的《全国法院民商事审判工作会议纪要》第四十一条对公章问题作了专条阐述，确立了“看人不看章”的裁判思路，即合同效力取决于盖章人是否有代表权或代理权，公章真伪不影响合同效力。公章虽然是公司对外作出意思表示的重要外在表示形式，但法定代表人以外的行为人若未取得公司的授权，仅凭持有公章的事实不能够直接代表公司意志。本案中，虽然某实业公司认可公章是真实的，但公司公章是由他人持有并加盖，公司股东未在股东会决议中签字，公司法定代表人亦未在担保材料中签字确认，不能就此简单认定某实业公司具有为某农业发展公司的借款作担保的意思表示。因此，在仅有公司公章而没有法定代表人或授权代理人签字的情况下，应当注重审查盖章人是否有代表权或代理权。若盖章人没有代表权或代理权，还需进一步审查以下两方面问题后才能认定公司对外担保行为的效力。

2. 相对人是否尽到注意义务。公司在从事民商事活动时，应当同时加盖公司公章和有代表权或代理权的行为人进行签字。但在实践中，往往会出现“有章无人”“有人无章”“真人假章”等情形。在行为人持有公章但未能提供具有代表权或代理权的证明材料时，相对人应当尽到审慎注意义务，不能仅凭行为人持有公章即认定行为人具有代表权或代理权。若相对人未能尽到应当注意的审查义务，则不能认定相对人是善意第三人。具体到本案，本案借款属于“借新还旧”，在本案借款前的多笔借款借贷手续中，某实业公司法定代表人江某某均到现场并在相应担保材料中签字，某农商行亦对当事人办理借贷和担保手续过程进行拍照录像。但在办理本案借款时，某实业公司法定代表人江某某未到现场，该公司股东会决议和担保材料中仅有公司盖章而没有相关人员签字，持有该公司公章的行为人未提供具有代理权的证明材料。在此种情况下，某农商行对某实业公司对外担保行为未尽到审查的注意义务，仍然办理某实业公司为某农业发展公司借款作担保的相关业务，存在过错。

3. 结合交易习惯判断是否是公司的真实意思表示。在处理民事纠纷时，可以结合当事人之间在交易活动中的惯常做法，来判定当事人的真实意思表示。正如本案借款为“借新还旧”，各方当事人在本案前就已经存在多笔借贷并担保的交易活动。因此，某实业公司对本案借款是否具有担保的真实意思表示，可以结合前面多笔借款的交易习惯来判断。在前面借款时，某实业公司的股东在对外担保的股东会决议中签字，法定代表人亦在担保材料中签字，但在本案的担保材料和股东会决议中，仅有某实业公司的公章，没有相关人员的签字，法定代表人和股东亦未对本案借款作出担保的追认表示。因此，可以认定某实业公司对本案借款不具有担保的意思表示，不应当承担保证责任。

编写人：广西壮族自治区百色市中级人民法院　胡芯瑜

10

主合同当事人双方协议借新贷还旧贷，新旧贷担保人以及其继承人的担保保证责任认定

——某商业银行诉覃某等金融借款合同案

【案件基本信息】

1. 裁判书字号

广西壮族自治区百色市中级人民法院（2023）桂10民终618号民事判决书

2. 案由：金融借款合同纠纷

3. 当事人

原告（上诉人）：某商业银行

被告（被上诉人）：罗某某、黄某

被告：覃某、彭某某、汤甲、汤乙

【基本案情】

2016年11月18日，覃某向某商业银行借款200万元用于经营铝合金，借款期限为二年，双方签订了《最高额个人借款合同》，合同编号：6416×861，保证人为汤丙，其配偶彭某某也在担保合同书上签字。2017年12月30日，覃

某与某商业银行签订《最高额个人借款合同》，合同约定：借款本金额度为200万元；借款用途为“经营混凝土工程（本贷款用于偿还6416×861合同项下借款人覃某所欠债务）”；借款期限三年，自2017年12月30日至2020年12月26日。某商业银行诉称“用途为偿还6416×861合同项下借款人所欠债务”以及覃某答辩中均认可本案借款系借新贷还旧贷，本次借款用途名为经营混凝土工程，实为偿还旧贷。覃某与汤甲系夫妻关系，汤甲于2017年12月30日向某商业银行出具《共同还款承诺书》，承诺自愿以自身的收入及财产向其承担对本案借款的共同连带还款责任。

2017年12月30日，某商业银行与罗某某、黄某、汤丙、彭某某签订《保证担保合同》，合同约定：保证方式为连带责任保证；保证期间为债务到期日起两年。《借款保证承诺书》载明：覃某借款用途为经营混凝土工程，罗某某、黄某、汤丙、彭某某均在《借款保证承诺书》中签字捺印，落款时间为2017年12月27日。

2017年12月30日，某商业银行向覃某的银行账号发放了贷款200万元。覃某收到借款后以循环方式新贷还旧贷至借款期限届满，借款期间某商业银行从覃某账户中扣划了部分利息及本金。截至2022年4月24日，覃某尚欠借款本金199.978563万元，利息27.173489万元。

彭某某、汤乙证实本案保证人汤丙与彭某某系夫妻关系，与汤乙系父子关系，汤丙于2020年1月3日病逝，并提交派出所死亡户口注销单及社区证明等证明汤丙死亡时间。同时确认汤丙的法定继承人有彭某某、汤乙二人。彭某某对2017年12月30日的《最高额保证担保合同》中保证人栏处的签名捺印无异议，但辩称2016年11月18日的《最高额保证担保合同》中保证人栏处的签名捺印不是其所写，经法院释明后，其逾期仍未向法院申请对笔迹及捺印做司法鉴定。

【案件焦点】

1. 各担保人是否知道借款人借款用途为借新贷还旧贷，是否应承担担保保证责任；2. 担保人在主债务履行期间死亡，其法定继承人是否仍应承担担保保证责任。

【法院裁判要旨】

广西壮族自治区百色市凌云县人民法院经审理认为：本案借款事实清楚、证据确实充分，应予认定，覃某、汤甲应承担共同偿还借款本息的民事责任，故对某商业银行请求还本付息，法院予以支持。关于彭某某、汤乙、罗某某、黄某是否承担保证责任的问题。本案所涉贷款系借新贷还旧贷，覃某仅是通过借新还旧的方式来清偿此前尚未偿还的借款，使得旧贷消灭而产生新贷。当事人采取借新还旧的方式主要基于旧贷债务人不能按时清偿债务，对于某商业银行而言，增加了贷款偿还的担保方式，而对于担保人而言，在新贷系用于偿还旧贷的情况下，由担保人对于新贷承担担保责任，明显加重了其风险责任，因此，某商业银行应履行告知义务，即告知担保人借新还旧的事实，以此保证担保人能够全面衡量债务人履行能力从而决定是否提供担保。

在本案中，第一，彭某某在覃某于2016年11月18日及2017年12月30日两次贷款时，均在保证人栏处签名，且对于其“2016年11月18日在保证人栏处签名不是其本人所写和捺印”的辩称，并未提供证据予以证明，应视为彭某某自愿为贷款人提供连带责任保证，认定其对本案所涉贷款系借新还旧知道或应当知道，故对某商业银行请求彭某某承担连带保证清偿责任，法院予以支持。第二，关于某商业银行要求汤乙以继承汤丙（连带保证人）遗产实际价值范围内承担保证责任。因担保保证责任是债权人和保证人通过订立保证合同为保证人设定的民事义务，保证义务自保证合同有效成立之时产生，并在条件成就时转化为保证责任，是保证人的或有之债。而保证责任是债务人到期未清偿债务，保证人依照法律规定所承担的民事责任，属于保证人真实的债务负担。只有当保证义务转化为保证责任后，保证人才需要承担保证之债。故保证人的遗产是否应用于承担保证责任，关键在于保证人死亡之时，保证责任是否已经产生。如果保证人死亡时保证责任还没有产生，由于保证人的保证义务仅属于或有之债，保证义务还没有转化为保证责任就因公民死亡而消失，因此，保证人的遗产不应用来承担保证责任；如果保证人死亡时保证责任已产生，保证人所承担的保证义务已转化为保证责任，或有负债已转化为实有负债，保证人死亡后的遗产应当用于承担保证责任。本案中，汤丙作为案涉借款保证人，保证方式为连带责任保证，保证期间为最后一期债务履行期限届满之日后两年，债务人履行债务期限为自 2017 年 12 月 30 日至 2020 年 12 月 26 日。汤丙于 2020 年 1 月 3 日死亡，其死亡时借款尚未到期，保证期间还未开始计算，借款人覃某亦在正常付息过程中，债务是否能够得到清偿并不确定，故汤丙死亡时其保证责任尚未产生。因此，某商业银行要求汤乙在继承汤丙遗产范围内承担连带清偿责任，没有法律依据，法院不予支持。第三，罗某某、黄某系覃某就案涉 2017 年 12 月 30 日贷款时新加入的保证人，从某商业银行提供给罗某某、黄某借款保证承诺书中明确记载借款用途是经营混凝土工程，显然某商业银行告知罗某某、黄某，覃某借款是经营混凝土工程而非借新贷还旧贷，因此罗某某、黄某不应当知道涉案借款是借新贷还旧贷，故罗某某、黄某在本案中不应承担保证责任。据此，广西壮族自治区百色市凌云县人民法院判决如下：

一、覃某、汤甲在本判决生效后十日内向某商业银行偿还借款本金 1999785.63 元及相应利息（截至 2022 年 4 月 24 日的利息为 271734.89 元，自 2022 年 4 月 25 日的利息按原合同约定利率计算至借款还清之日止）；

二、彭某某对上述还款义务承担连带清偿责任，保证人承担保证责任后，有权向债务人追偿；

三、驳回某商业银行的其他诉讼请求。

一审判决作出后，某商业银行不服，提起上诉。

广西壮族自治区百色市中级人民法院于 2023 年 6 月 7 日作出判决：驳回上诉，维持原判。

【法官后语】

“借新贷还旧贷”是指借款人在尚未完全清偿所欠银行到期贷款的情况下又与同一家银行签订新的借款合同，并用新贷款偿还全部或部分旧贷款本息。一般情况下，借新还旧的条件包括：存在前后两个借款合同且两个借款合同的当事人相同，时间上顺序相连，借款金额基本相当，后一笔借款直接用于归还前一笔借款。

随着市场经济的发展，由于借新还旧凭借既可满足生产经营的需要，又可维护企业信用之优势，深受很多金融机构、中小企业的青睐，因此涉及借新还旧金融司法案件呈现出持续增多的态势，在本案中因“借新还旧”引发以下法律问题：

第一，借新还旧后，旧贷担保人以及新贷担保人是否应承担担保保证责任的问题。根据《最高人民法院关于适用〈中华人民共和国民法典〉有关担保制度的解释》（以下简称《担保制度解释》）第十六条第一款的规定①，可知《担保制度解释》的观点是借新还旧之旧贷担保人对新贷不承担担保保证责任。而关于新贷担保人是否对旧贷承担担保保证责任问题，该司法解释以新旧贷担保人是否相同为划分条件，将其分为两种情形进行处理：一是新旧贷担保人相同的，新贷担保人对旧贷承担担保保证责任，无须特别证明新贷担保人对新贷偿还旧贷事实知情；二是新旧贷担保人不同或者旧贷无担保新贷有担保的，新贷担保人提供担保的前提是其知情权得到充分保护，即在其提供担保时，就已知主合同当事人借新还旧之事实。

综上，借新还旧中新贷担保人承担担保保证责任的前提条件是其对主合同系以新贷还旧贷之事实明确知悉，结合相关案例，可总结新贷担保人明确知悉的认定情形如下：其一，担保人签署或者出具的担保合同、承诺函、股东会决议、董事会决议等法律文件中明确表明主合同贷款用途属于或可以包括“借新还旧”的，一般可以视为担保人知悉“借新还旧”客观事实；其二，担保合同等由担保人签署或出具的法律文书中未明确约定主合同贷款用途为“借新还旧”，但新贷与旧贷的担保人密切相关，或新贷的担保人与借款人存在密切关系的、新贷的担保人没有充分证据证明其对“借新还旧”的事实不知情的情况

---

① 《最高人民法院关于适用〈中华人民共和国民法典〉有关担保制度的解释》第十六条第一款规定，主合同当事人协议以新贷偿还旧贷，债权人请求旧贷的担保人承担担保责任的，人民法院不予支持；债权人请求新贷的担保人承担担保责任的，按照下列情形处理：（1）新贷与旧贷的担保人相同的，人民法院应予支持；（2）新贷与旧贷的担保人不同，或者旧贷无担保新贷有担保的，人民法院不予支持，但是债权人有证据证明新贷的担保人提供担保时对以新贷偿还旧贷的事实知道或者应当知道的除外。

下，可推定其对“借新还旧”知情。

第二，担保人在主债务履行期限届满前死亡，担保人的继承人是否承担担保保证责任的问题。首先，保证义务是债权人和保证人通过订立保证合同为保证人设定的民事义务，而保证责任是债务人到期未清偿债务，保证人依照法律规定所承担的民事责任。保证义务是保证责任的前提，保证责任是保证义务的转化。保证人在签订保证合同时根据契约理论就产生了保证义务，但此时的保证义务对于承担保证责任来说是不确定的，仅使保证人产生可能债务负担，因为债务人是否履行还款义务还未确定。也就是说，保证合同有效成立时保证人仅承担或有债务，而保证因属人的担保，该债的关系即应属于与当事人的人身不可分离的债，其与保证人的履行能力直接相关。如果保证人死亡，则意味着债的履行不能，而债的履行不能是债的消灭的原因之一。故，保证人在主债务履行期限届满前死亡，应视为合同约定的履行条件无法成就，也表明在将来保证债务不能履行，保证合同自然解除，保证债务应归于消灭，也就不存在保证人所留遗产用于承担保证责任的问题。其次，保证债务的产生须待保证合同所附条件成就，保证债权产生时间节点为保证期间起算时间。债权人享有的保证债权存在于保证期间内，保证人仅在保证期间内承担保证责任，超出或未到保证期间，保证人均无须承担保证责任。保证期间一般是主债务履行期届满后的一段期限，在主债务履行期限未满时，主债务人于主合同期满前是否不履行债务还无法断定，保证责任还不可能发生，当然就不存在保证期间的开始起算问题，也不存在保证债权的产生。综合以上两点可知，只有保证人在负有保证责任时死亡的，此时保证存在着实际履行问题，才存在保证人的继承人承担保证责任的问题；在债务履行期限内保证人死亡，因保证期间未到，保证债权尚未产生，债权人无权请求保证人的继承人承担保证责任。

编写人：广西壮族自治区百色市凌云县人民法院　黄子涵

11

相互独立的保证合同保证责任诉讼时效的认定

——某村镇银行诉某医疗器械公司等金融借款合同案

【案件基本信息】

1. 裁判书字号

浙江省湖州市中级人民法院（2023）浙05民终159号民事判决书

2. 案由：金融借款合同纠纷

3. 当事人

原告（上诉人）：某村镇银行

被告（被上诉人）：某医疗器械公司、某地板公司、郭某乙、潘某乙、沈某、郭某甲、潘某甲、潘某丙、陈某某

【基本案情】

2017年8月30日，某医疗器械公司与某村镇银行签订《企业流动资金借款合同》一份，约定某医疗器械公司向某村镇银行贷款279万元；贷款期限为12个月；年利率7.83%；贷款采用一次还本分次付息，未按合同约定的时间、金额还本付息的，利率上浮50%，对应付未付利息按罚息标准计收复利。同日，某地板公司；郭某乙；潘某乙与沈某；郭某甲与潘某甲等分别和某村镇银行签订《保证合同》，约定为279万元借款提供连带责任保证，保证范围为主合同项下的本金、利息、复利和违约金等，保证期间为两年。后某村镇银行按约放款。借款到期后某医疗器械公司归还112.71万元。2018年9月13日某地板公司代为归还本金80万元。2018年11月9日该公司又代为归还剩余本金1989887.29元。某村镇银行认为尚欠利息、罚息，诉请判令某医疗器

械公司归还罚息、复利74098元，某地板公司、郭某乙等对上述债务承担连带清偿责任。

【案件焦点】

借款人向部分保证人主张权利时，其他保证人的诉讼时效是否中断。

【法院裁判要旨】

浙江省湖州市安吉县人民法院经审理认为：本案中《保证合同》约定的保证期间为债务履行期限届满之日起两年，某医疗器械公司279万元债务于2018年8月27日到期，故郭某乙、潘某乙等各保证人的保证期间截至2020年8月27日。就本案而言，某地板公司；潘某乙和沈某；潘某丙和陈某某；郭某乙；郭某甲和潘某甲分别与某村镇银行签订保证合同（共5份），对某医疗器械公司的借款279万元承担连带责任保证，但各保证人之间相互独立，提供的担保具有独立性。2018年9月25日，某村镇银行将借款人及各保证人起诉至法院，保证债务的诉讼时效自该日起重新计算。但某村镇银行工作人员于2021年3月29日在某医疗器械公司钉钉打卡，以及于2021年4月21日向郭某甲发送催讨短信，仅视为向借款人某医疗器械公司、保证人郭某甲和潘某甲主张权利。对其他保证人而言，原告未提交证据证明主张过权利，相应保证责任的诉讼时效已超过三年，故对原告诉请要求所有保证人共同承担连带清偿责任，不予支持。浙江省湖州市安吉县人民法院判决：

一、被告某医疗器械公司支付原告某村镇银行罚息52364.41元，限于本判决生效之日起十日内履行；

二、被告郭某甲、潘某甲对被告某医疗器械公司的上述给付义务承担连带清偿责任；

三、驳回原告某村镇银行的其他诉讼请求。

某村镇银行不服一审判决，提起上诉。

浙江省湖州市中级人民法院经审理认为：某村镇银行没有向其他保证人主张过权利，其向郭某甲发送短信，从语气和文义看，仅仅是因为郭某甲系某医疗器械公司的法定代表人。就案涉利息某村镇银行虽没有通过书面形式免除各保证人的担保责任，但其前后的行为，实际上已免除其他保证人的担保责任，故诉请要求各保证人承担担保责任依据不足。一审判决认定事实清楚，适用法律正确，应予维持。据此，浙江省湖州市中级人民法院依照《中华人民共和国民事诉讼法》第一百七十七条第一款第一项规定，判决如下：

驳回上诉，维持原判。

【法官后语】

关于共同担保问题，《最高人民法院关于适用〈中华人民共和国民法典〉有关担保制度的解释》第十三条规定了三种情形。

1. 担保人之间约定相互追偿：担保人之间约定同一债务有两个以上第三人提供担保，担保人之间约定相互追偿及分担份额，承担了担保责任的担保人可以请求其他担保人按照约定分担份额；担保人之间约定承担连带共同担保，或者约定相互追偿但是未约定分担份额的，各担保人按照比例分担向债务人不能追偿的部分。

2. 担保人之间未约定相互追偿但在一份合同上签字：同一债务有两个以上第三人提供担保，担保人之间未对相互追偿作出约定且未约定承担连带共同担保，但是各担保人在同一份合同书上签字、盖章或者按指印，承担了担保责任的担保人可以请求其他担保人按照比例分担向债务人不能追偿部分。

3. 担保人之间不能相互追偿：除前两种情形外，承担了担保责任的担保人不能请求其他担保人分担向债务人不能追偿部分。

担保人之间相互追偿的情形只有上述第一种、第二种情形，即担保人之间存在相互分担担保责任的约定，或者通过其行为能够推定具有相互分担的意思联络。

就本案而言，某地板公司；潘某乙和沈某；潘某丙和陈某某；郭某乙；郭某甲和潘某甲分别与某村镇银行签订保证合同，对某医疗器械公司的借款279万元承担连带责任保证，各保证人之间相互独立，提供的担保具有独立性，有别于上述第一种、第二种情形。

关于保证期间，是指按照当事人约定或依法律规定确定的债权人在主债务履行期限届满后，能够有效要求保证人承担保证责任的最长期限。保证期间不发生中止、中断和延长。在保证合同约定的保证人履行债务的期限内，债权人必须向债务人或者保证人依法主张权利，否则保证人不再承担保证责任。一般保证中，债权人必须在保证期间内起诉或申请仲裁；赋予强制执行效力的公证债权文书，债权人必须在保证期间内申请强制执行。连带责任保证中，债权人必须在保证期间内请求保证人承担保证责任。

在保证期间内，债权人起诉或者申请仲裁后，又撤回起诉或者仲裁申请，并且在保证期间内未再行起诉或者申请仲裁的，如果是一般保证，则保证期间经过，保证责任消灭；如果是连带责任保证，需进一步区分两种情形：

（1）若起诉状副本或者仲裁申请书副本未送达保证人的，应当认定保证期间经过，保证责任消灭；

（2）若起诉状副本或者仲裁申请书副本已经送达保证人的，应当认定保证期间未经过，保证人应当依法承担保证责任。

本案中，2018 年 9 月 25 日，某村镇银行将借款人及各保证人起诉至法院，保证债务的诉讼时效自该日起重新计算。但某村镇银行工作人员于 2021 年 3 月 29 日在某医疗器械公司钉钉打卡，以及于 2021 年 4 月 21 日向郭某甲发送催讨短信，仅视为向借款人某医疗器械公司、保证人郭某甲和潘某甲主张权利。对其他保证人而言，原告未提交证据证明主张过权利，相应保证责任的诉讼时效已超过三年，故对原告诉请要求所有保证人共同承担连带清偿责任，不应支持。

编写人：浙江省湖州市安吉县人民法院　方勇

12

既是共同债务人又是保证人责任承担的认定

——某银行诉陈某甲等金融借款合同案

【案件基本信息】

1. 裁判书字号

山东省高青县人民法院（2023）鲁 0322 民初 787 号民事判决书

2. 案由：金融借款合同纠纷

3. 当事人

原告：某银行

被告：陈某甲、张某甲、曹某、张某乙、陈某乙、张某丙

【基本案情】

借款人陈某甲、共同债务人张某甲于 2021 年 2 月 23 日与某银行签订个人借款合同，到期日 2024 年 2 月 21 日，合同金额 20 万元，借款用途为道路运输，保证人张某甲、曹某、张某乙、陈某乙、张某丙与某银行签订最高额保证合同，对陈某甲借款本息及实现债权的费用承担连带责任保证。陈某甲于 2022 年 2 月 20 日借款 20 万元，到期日 2023 年 2 月 19 日。借款人未按借款合同约定按时偿还借款本息，经信贷人员多次催收，仍欠本金 20 万元及利息 6649.3 元（利息截止日期为 2023 年 1 月 20 日）。某银行提起诉讼请求：1. 依法判令借款人陈某甲、共同债务人张某甲偿还借款本金 20 万元及利息 6649.3 元（利息截止日期为 2023 年 1 月 20 日），本息合计：206649.3 元及至该笔贷款本息清偿日利息；2. 保证人张某甲、曹某、张某乙、陈某乙、张某丙承担连带责任保证；3. 一切诉讼费用由被告承担。

【案件焦点】

既是共同债务人又是保证人责任承担的正确认定问题。

【法院裁判要旨】

山东省高青县人民法院经审理认为：本案的争议焦点为张某甲既在借款合同中共同债务人处签字，又在最高额保证合同中保证人处签字，应当如何承担责任。对此，被告张某甲应当承担共同还款责任。理由如下：（1）借款人陈某甲、共同债务人张某甲与贷款人某银行签订个人借款合同，具有共同借款合意；（2）被告张某甲承担共同还款责任有助于保护债权人的利益。作为共同债务人，张某甲应当以自有财产优先偿还涉案债务；（3）被告张某甲承担共同还款责任有助于保护保证人的利益。保证人承担清偿义务后有权向债务人追偿，多一位债务人，保证人的后续风险亦将减少。

山东省高青县人民法院依照《中华人民共和国民法典》第五百零九条第一款、第五百七十七条、第六百六十七条、第六百七十四条、第六百七十五条、第六百七十六条、第六百八十八条、第六百九十条、第六百九十一条、第七百条，《中华人民共和国民事诉讼法》第一百四十七条规定，判决如下：

一、被告陈某甲、张某甲偿还原告某银行借款本金200000.00元及利息（1. 截至2023年1月20日，共计欠息6649.30元；2. 2023年1月20日之后的利息，以200000.00元为基数，自2023年1月21日起至本息清偿之日止，按借款合同的约定计算），于本判决生效之日起十日内付清；

二、被告曹某、张某乙、陈某乙、张某丙对上述债务在最高限额300000.00元的范围内承担连带清偿责任，在承担清偿责任后，有权向被告陈某甲、张某甲追偿；

三、驳回原告某银行的其他诉讼请求。

如果未按本判决指定的期间履行给付金钱义务，应当依照《中华人民共和国民事诉讼法》第二百六十条之规定，加倍支付迟延履行期间的债务利息。

一审判决作出后，原、被告均未提起上诉，一审判决已生效。

【法官后语】

本案主要涉及既是共同债务人又是保证人责任承担的正确认定问题。

一般来说，金融借款合同中对借款金额、借款期限、借款用途、利息、罚息、违约责任等都有明确约定，保证合同对保证人承担保证责任的范围、保证方式、保证期间等也有明确约定。但是，实践中也不乏因合同约定不完善或签订借款合同和保证合同不规范，导致责任承担不清而引发之纠纷。比如，当事人既在借款合同中共同债务人处签字，承诺与债务人承担共同还款责任，同时又签订保证合同同意承担保证责任，导致责任承担不清。司法实务中一般夫妻之间一方向金融机构贷款时存在上述情况更为普遍。因此，司法实践中应对上述类似情况的责任承担方式作出正确认定。

《中华人民共和国民法典》第六百八十一条明确规定："保证合同是为保障债权的实现，保证人和债权人约定，当债务人不履行到期债务或者发生当事人约定的情形时，保证人履行债务或者承担责任的合同。"保证担保合同和财产担保合同存在一定区别，保证担保是保证人以个人信用为债务人作担保，通常称为"人保"，而财产担保是指债务人或第三人和债权人约定以某财产作为担保，当债务人不履行债务时，债权人有权以该财产折价或者以拍卖、变卖该财产的价款中优先受偿的行为，通常称为"物保"。在借款合同纠纷中，接受担保的一方是债权人，提供担保的一方在保证担保中，只能是第三人，在抵押和质押担保中，既可以是借款人，也可以是第三人。由此分析可见，保证担保中保证人应是排除主合同中债权人和债务人以外的第三人，当债务人不能履行债务时，债权人可要求保证人履行债务或者承担责任。司法实务中，对于既是共同债务人又是保证人的情况，如债权人作为原告提起诉讼时自主作出选择，仅根据借款合同的约定要求其承担共同还款责任而不承担保证责任，或者仅根据保证合同的约定要求其承担保证责任而不承担共同还款责任，一般情况下，法院对原告的诉求予以支持。但当原告根据合同约定诉请其既承担共同还款责任，又承担保证责任的情况下，鉴于保证担保中保证人应是排除主合同中债权人和债务人以外的第三人，法院应主动审查，自主选择决定责任承担方式。

关于既是共同债务人又是保证人责任承担的认定，核心在于对借款合意的审查。一般情形下对借款合意的审查应综合审查借款用途、借款金额、款项发放账户、还款情况、与借款人的关系等几个方面，例如一人在借款合同中共同债务人处签字，又在保证合同中保证人处签字，但综合考虑其与借款人是合伙关系，借款用于共同经营，并与借款人共同偿还过借款，可以认定其与借款人有借款合意，而非单纯提供保证担保，此情况下，应认定其为共同债务人。

司法实务中夫妻之间一方向金融机构贷款时，另一方既在共同债务人处签字又在保证人处签字的情况更为普遍，夫妻一方的行为既表示知晓了该借款事实，又表达了其具有共同承担债务的意思表示，足以让债权人产生信赖利益，综合考虑夫妻双方的借款合意，维护交易安全，保护债权人的利益等方面，应认定夫妻双方承担共同还款责任。

综上所述，对于实践中既是共同债务人又是保证人法律关系和责任承担的正确认定需要考虑以下方面：一方面，要确认其与借款人是否有借款合意，如果有借款合意则应作为共同债务人承担共同还款责任。另一方面，在结合原告诉求，平衡债权人、债务人、保证人等各方合法权益的基础上作出综合认定。

编写人：山东省高青县人民法院　于金芝

13

担保费和代偿款利息过高如何调整

——某咨询公司诉骆某某追偿权案

【案件基本信息】

1. 裁判书字号

四川省宜宾市中级人民法院（2023）川15民终1061号民事判决书

2. 案由：追偿权纠纷

3. 当事人

原告（上诉人）：某咨询公司

被告（被上诉人）：骆某某

【基本案情】

2020年8月12日，骆某某在“某APP”平台上注册账户并签订《个人消费性借款合同》《服务合同》等协议。《个人消费性借款合同》约定骆某某向某银行贷款80000元，由某融资担保公司提供担保，贷款年化综合资金成本率为36%，其中贷款年化利率为8.1%，罚息利率为借款利率上浮50%。《服务合同》约定某融资担保公司对上述借款提供连带责任保证担保，借款人应向某融资担保公司支付担保咨询费（按贷款金额的3.5%计算）、担保费（按年化担保费率0.5%计算）、担保服务费（月担保服务费为贷款金额×1.2291%－月担保费）、代偿费（以实际代偿的金额为基数，分阶段按每日代偿费率0.1%～0.2%计算）。以上担保费、担保咨询费、担保服务费分24期支付。

2020年8月13日，某银行向骆某某发放贷款80000元，骆某某还款18期后便未再还款，其中向某银行偿还借款本息65192.94元，向某融资担保公司支付担保服务费等19798.92元。之后某融资担保公司向某银行代偿借款本金21226.74元和利息266.29元。

后经两次债权转让，某咨询公司受让了某融资担保公司的债权（包含代偿款和尚未支付的担保服务费等费用），并诉至法院向骆某某主张权利，要求判令：1. 骆某某向某咨询公司支付受让的债权金额即代偿款、担保服务费等共计28535.59元及代偿款利息（代偿款利息计算方法：以受让债权金额28535.59元为基数，按全国银行间同业拆借中心公布的贷款市场报价利率四倍即年利率14.8%自2022年7月6日起计算）；2. 骆某某向某咨询公司支付律师服务费3000元。

【案件焦点】

1. 某融资担保公司与债务人约定的担保费、担保服务费、担保咨询费等过高，如何调整；2. 某融资担保公司与债务人约定的代偿款利息过高，如何调整。

【法院裁判要旨】

四川省宜宾市翠屏区人民法院经审理认为：某咨询公司未提供充分的证据证明两次债权转让时已对骆某某进行通知，故判决：驳回某咨询公司的诉讼请求。

某咨询公司不服，提起上诉。

四川省宜宾市中级人民法院经审理认为：《个人消费性贷款合同》《服务合同》约定，骆某某在“某 APP”上贷款正常还款的情况下实际承担的贷款利息、担保费、担保服务费、担保咨询费等综合借款成本已达年利率 36%。虽然以上贷款成本由贷款人某银行与担保人某融资担保公司分别收取，但此种合作模式属变相提高融资成本的行为，对于综合贷款成本超过全国银行间同业拆借中心公布的贷款市场报价利率四倍即 15.4%的部分，法院不予支持，并且，将骆某某已实际偿还的超过年利率 15.4%的部分予以冲抵代偿款。贷款利率为年利率 8.1%，故担保费率应调整为年利率 7.3%（15.4%-8.1%），某融资担保公司应收取的担保费为 80000 元×7.3%×2 年＝11680 元。骆某某已支付担保费（含咨询费）18 期共 19798.92 元，多支付的担保费 8118.92 元（19798.92 元-11680 元）按顺序用于冲抵代偿的利息、本金后，尚未清偿的本金为 13374.11 元（21493.03 元-8118.92 元）。某咨询公司受让某融资担保公司代骆某某向某银行清偿债务后某融资担保公司对骆某某享有的追偿权，根据《中华人民共和国民法典》第七百条规定：“保证人承担保证责任后，除当事人另有约定外，有权在其承担保证责任的范围内向债务人追偿，享有债权人对债务人的权利，但是不得损害债权人的利益。”虽然保证人与债务人可对承担保证责任后追偿的逾期利息进行约定，但如果追偿权的逾期利息标准超过原债权利息，则保证人除收取担保费外，还可以在追偿中获得超过原债权人的利益，势必会加重债务人的负担，违背保证担保及追偿权的立法本意。因此，法院认为，当事人约定的追偿权逾期利息不得超过原债权人对债务人享有的权利，对超过部分，不予支持。某融资担保公司在《服务合同》中约定代偿后可向骆某某主张代偿费，是对代偿款逾期利息进行约定，利率标准远高于《个人消费性贷款合同》约定的逾期利息标准，法院认定按《个人消费性借款合同》约定的逾期利息标准即年利率12.15%（贷款利率8.1%上浮50%）支付逾期利息。四川省宜宾市中级人民法院判决：

一、骆某某于判决生效之日起十日内向某咨询公司清偿债务本金13374.11元及代偿款利息（代偿款利息的计算方法为：以本金13374.11元为基数，从2022年7月6日起至本金清偿之日止，以年利率12.15%为标准计算）；

二、驳回某咨询公司的其余诉讼请求。

【法官后语】

互联网金融蓬勃发展，部分网贷平台向助贷业务转型，业务模式演变出不同形态，参与方日益多元，特别是网贷平台与银行等金融机构合作开展互联网贷款业务时，除负责提供信息搜集、信息公布、资信评估、信息交互、信贷撮合等服务外，还以其关联的某融资担保公司向银行等金融机构提供保证担保等增信措施，有效增强了金融普惠性，使得小微企业、低收入人群等得以享受到金融服务。鉴于现行法律法规对融资担保费率并无相关强制性规定，而由担保人与被担保人在担保合同中自行约定，网贷平台与某融资担保公司作为利益共同体，以某融资担保公司名义向借款人收取高额的担保费、担保咨询费、担保服务费等费用，垒高了借款人实际承担的贷款成本。同时，由于法律法规尚未对某融资担保公司的追偿范围进行明确规定，某融资担保公司要求借款人在其代偿后，支付以代偿款为基数计算的高额违约金或利息，进一步加重了借款人的负担。但是，由于无明确的法律规定，人民法院对网络贷款类纠纷案件中某融资担保公司等助贷机构收取的担保费和代偿款利息裁判标准不一，导致开展网贷业务的金融机构、助贷机构以及金融消费者难以从司法裁判中获得合理预期。

第一，本案通过司法裁判引领金融服务回归服务实体经济的价值导向。当前，减费让利，降低社会综合融资成本包括降低企业融资和居民消费信贷成本，促进金融服务实体经济发展，助力防范化解金融风险，是党中央、国务院决策部署的一贯要求。六部门联合发布的《关于进一步规范信贷融资收费 降低企业融资综合成本的通知》对进一步规范信贷融资各环节收费与管理、降低企业融资综合成本等方面作出了相应规定，其中特别就某融资担保公司等助贷机构降低担保成本作出具体规定，即“银行应了解合作的第三方机构向企业收费情况，评估企业融资综合成本，不与收费标准过高的第三方机构合作”“融资担保公司应逐步减少反担保要求，确需引入反担保措施的，应综合评估企业实际担保成本”等。在此背景下，人民法院应当树立和坚持正确的金融审判理念，严格限制高息融资和高利贷。审理法院坚持金融服务实体经济的司法导向，调整约定过高的担保费，通过司法裁判强化金融服务回归本源，为金融高质量发展提供高质量司法供给。

第二，本案充分体现了担保人权利保护与限制高息融资之间的利益平衡。担保人承担担保责任后，债务人未按照约定向担保人偿还代偿款项，给担保人造成了资金占用损失，债务人应当支付担保人代偿款利息损失。但是，担保人往往利用其优势地位与债务人对承担担保责任后逾期支付代偿款约定高额的违约金或利息，约定的利息标准超过了原债权利息标准，使得担保人除收取担保费外，还可以在追偿中获得超过原债权人的利益，极大地增加了债务人的负担。反之，如若对担保人主张的代偿款利息支持的数额过低，将导致债务人因逾期偿还借款而获利，有违担保及追偿权的本质和立法本意。《中华人民共和国民法典》第七百条规定：“保证人承担保证责任后，除当事人另有约定外，有权在其承担保证责任的范围内向债务人追偿，享有债权人对债务人的权利，但是不得损害债权人的利益。”因担保人的权利基础实质来源于原债权人，担保人在承担担保责任的范围内享有原债权人对债务人的权利，包括原债权人对债务人享有的支付本息请求权、支付违约金请求权、抵押权等。适用上述规定，认定债务人承担的代偿款利息以原主债权逾期利息标准为限，可在最大限度内确保担保人的权利保护与限制高息融资两项司法裁判价值之间找到利益平衡点，正确引领社会价值。

第三，本案将有利于规范互联网金融健康发展。互联网金融创新业务发展迅速，金融法律法规的制定相对滞后，特别是银行等金融机构与助贷机构之间合作开展的互联网贷款业务中，各个参与主体的权利义务尚不明确，银行等金融机构的角色异化为单纯提供资金，未对助贷机构的收费标准予以限制，导致助贷机构巧立各种名目收取高额费用。本案统一裁判观点，让互联网金融主体形成合理预期，规范互联网金融主体的经营行为，促进互联网金融健康发展。

编写人：四川省宜宾市中级人民法院　罗润　李秀英

14

非本人签名情况下的效力认定

——甲科技公司诉李某某等追偿权案

【案件基本信息】

1. 裁判书字号

重庆市第五中级人民法院（2023）渝05民终4649号民事判决书

2. 案由：追偿权纠纷

3. 当事人

原告（被上诉人）：甲科技公司

被告（上诉人）：唐某某、林某甲

被告（被上诉人）：李某某、某汽车公司、乙科技公司

【基本案情】

2019 年 6 月，甲科技公司与案外人某银行、某融资公司签订协议，约定某融资公司授权甲科技公司将在某融资公司办理汽车售后回租业务中有融资需求的用户推荐给某银行，某银行审核后与承租人签订借款合同并发放贷款。某银行与甲科技公司签订担保协议，约定甲科技公司为前述推荐的债务人就借款合同项下的债务提供连带责任保证担保。

同年 11 月 1 日，甲科技公司作为甲方与某汽车公司、乙科技公司、唐某某、林某甲作为乙方签订《反担保保证合同》，约定：甲方为乙方推荐的客户在某银行办理的个人贷款提供担保，乙方自愿向甲方提供连带责任保证反担保等。其中，合同尾部签章处“乙方 1”处有某汽车公司盖章，并有法定代表人唐某某签字及盖私章，“乙方 2”处有乙科技公司盖章，并有授权代表林某乙签字及盖私章，乙方 3 处有唐某某签字及捺印，乙方 4 处有林某甲签字及捺印。

李某某因融资租赁需要作为某汽车公司客户与某银行签订《个人贷款借款借据》，约定李某某向某银行贷款 15 万余元等。合同签订当日，某银行将贷款足额发放至李某某指定账户。嗣后，李某某未按约向某银行偿还借款，甲科技公司为李某某代偿了本金等合计 16 万余元。经甲科技公司催收，李某某至今尚欠甲科技公司 11 万余元。甲科技公司遂诉至法院，请求判令李某某支付甲科技公司为其代偿贷款等，由某汽车公司、乙科技公司、唐某某、林某甲对代偿款承担连带清偿责任等。

另，2019 年 5 月，林某乙在某汽车公司的股权由 70% 变更为 0%。乙科技公司于 2019 年 4 月成立，唐某某持股 30%、林某乙持股 70%。

唐某某、林某甲辩称，《反担保保证合同》中乙方 3 唐某某、乙方 4 林某甲的签字与手印并非其本人所签署，不应当承担担保责任，并申请对笔迹和指纹进行鉴定。

【案件焦点】

在唐某某的签名非本人所签的情况下，唐某某是否应当承担担保责任。

【法院裁判要旨】

重庆市巴南区人民法院经审理认为：甲科技公司陈述《反担保保证合同》系通过邮寄方式由某汽车公司、唐某某等签字盖章后邮寄给甲科技公司，根据某汽车公司、唐某某等的关联关系以及在各自合同上的公章、签字、私章情况来看，即便唐某某、林某甲的签字并非本人实际签署，但至少系其授权他人代为签署，其对外提供担保事宜是知情且同意的，《反担保保证合同》系各方真实意思表示，合法有效。某汽车公司、乙科技公司、唐某某、林某甲自愿为甲科技公司追偿权的实现提供连带责任保证反担保，甲科技公司承担担保责任后，有权主张以上反担保人对李某某的债务承担连带清偿责任。

重庆市巴南区人民法院判决如下：

一、被告李某某于判决生效之日起十日向甲科技公司支付代偿款110847.86元；

二、被告李某某于判决生效之日起十日向甲科技公司支付从2021年9月3日起以110847.86元为基数按年利率3.85%计算至款项付清时止的资金占用损失；

三、被告某汽车公司、乙科技公司、唐某某、林某甲对李某某的第一项债务承担连带清偿责任；

四、被告某汽车公司、乙科技公司、唐某某、林某甲于判决生效之日起十日内连带支付甲科技公司违约金（从2021年9月3日起以110847.86元为基数按年利率3.85%计算至款项付清时止，违约金以5542.39元为限）；

五、被告某汽车公司、乙科技公司、唐某某、林某甲于判决生效之日起十日内连带支付甲科技公司律师费800元；

六、驳回甲科技公司的其他诉讼请求。

唐某某、林某甲不服，提起上诉。二审中，甲科技公司提交了放弃向林某甲主张权利的申请，法院予以准许。

重庆市第五中级人民法院经审理认为：唐某某及某汽车公司在一审中未对《反担保保证合同》签章处该公司的公章、私章予以否认，唐某某作为某汽车公司的法定代表人，在某汽车公司签章法定代表人处有其签名和私章。从签字的笔迹看，与《反担保保证合同》中乙方3处的签字“唐某某”高度一致，基于甲科技公司对《反担保保证合同》中某汽车公司公章、私章真实性的信赖，即使以上签字不是唐某某本人所签，甲科技公司亦有充分理由相信是唐某某授权所签，构成表见代理，唐某某应承担责任。在相关债务人责任承担上，应当扣减林某甲应当承担的份额，即某汽车公司、唐某某、乙科技公司承担责任的比例为75%。

重庆市第五中级人民法院依照《中华人民共和国民事诉讼法》第一百七十七条第一款第二项规定，判决如下：

一、维持重庆市巴南区人民法院（2023）渝0113民初2866号民事判决第一项、第二项；

二、撤销重庆市巴南区人民法院（2023）渝0113民初2866号民事判决第三项、第四项、第五项、第六项；

三、某汽车公司、乙科技公司、唐某某对重庆市巴南区人民法院（2023）渝0113民初2866号民事判决第一项李某某债务的75%承担连带清偿责任；

四、某汽车公司、乙科技公司、唐某某于本判决书生效之日起十日内连带支付甲科技公司违约金（从2021年9月3日起以83135.89元为基数按年利率3.85%计算至款项付清时止，违约金以4156.79元为限）；

五、某汽车公司、乙科技公司、唐某某于本判决书生效之日起十日内连带支付甲科技公司律师费600元；

六、驳回甲科技公司的其他诉讼请求。

【法官后语】

实践中，公司进行融资等重大商事交易时，合同相对人为保障交易安全，除要求公司法人担任保证人以外，往往还会要求法定代表人个人也担任保证人。法定代表人签名非本人签署可能出于两种情况：一是法定代表人委托授权他人代签；二是他人伪造法定代表人签字，但可能构成表见代理。另外，从证据种类及证据证明规则角度看，当事人签订的担保合同、反担保合同属于书证，进言之，为私文书证。而书证系通过其内容证明案件事实，故书证的真实性应当包含形式真实性和内容真实性。私文书证由主张以该私文书证证明案件事实的当事人承担证明责任；私文书证由制作者或者其代理人签名、盖章或者捺印的，推定为形式真实。合同相对人主张系本人签署的，应当推定为真实。法定代表人主张签名非本人签署并提出鉴定申请的，是否鉴定由法院决定。如果能够根据案件其他事实、证据查明真实情况的，对鉴定申请不予支持。法定代表人签名签署不同的情况其法律后果有所差别，不能仅以签名非本人签署为由否认其承担担保责任的效力。总体而言，认定双方是否成立有效的保证法律关系，并非唯签字论的形式标准，而是要综合全案具体事实来对保证人是否有提供保证的意思表示进行实质认定，同时还要判断是否符合代理制度的相关规定。

自然人保证人在担保合同中的签字并非本人签署，因缺乏担保人的真实意思表示，原则上该保证法律关系归于无效，该保证人不应承担担保责任。该自然人若同时以公司法定代表人身份和个人身份在同一份担保合同上签字，而公司对担保合同签章处的公章、私章无异议，则不能仅依据该自然人签字的真实与否来认定该自然人的担保关系是否有效，而是应当将这一保证人作为法定代表人的行为与作为个人的行为视为一个整体进行判断，结合该自然人的双重身份和双重签字来判断其真实意思表示，进而判断其保证关系的效力。

首先，在担保人否认其本人签名的情况下，应考虑是否系其委托公司员工等他人代签，若成立代签，则证明保证人本人有提供保证的意思表示，其授权他人代签的行为系有权代理，其法律后果自然应当由本人承担。对此，应结合合同签署情况、合同履行利益等进行综合判断。本案中，多方主体所构建的互联网汽车金融商业模式，资金方为某银行、某融资公司，服务商为甲科技公司，渠道方为某汽车公司、乙科技公司，李某某为汽车消费者。甲科技公司为李某某向某银行的贷款承担担保责任，某汽车公司、乙科技公司又为甲科技公司向李某某的追偿债权提供反担保。由此，可以推断唐某某作为某汽车公司的法定代表人，其提供担保的行为符合各方合作利益，即李某某的案涉贷款与反担保人的利益相关。《反担保保证合同》首部已明确列明了担保人，按照《中华人民共和国公司法》相关规定，公司对外担保的事务需经过董事会或股东会决议形成。在反担保保证合同上加盖公司公章和唐某某私人名章之时，唐某某作为某汽车公司的法定代表人以及乙科技公司持股30%的股东，可以推定其对反担保合同将其个人列为反担保人之一，并为其设定义务系知情且同意的，即唐某某具有作为个人提供保证的意思表示。一审法院也正是基于此理由，认定即便唐某某签字并非本人实际签署，但至少系其授权他人代为签署，甲科技公司具有合理的信赖利益，最终认定该保证合同对唐某某有效，唐某某应当承担担保责任。

其次，退一步讲，若因公司决议程序或管理制度不完善，导致唐某某作为法定代表人的签名确为他人伪造所签，此时要考虑是否成立表见代理，若成立，则法律后果仍由其本人承担。本案中，从签字的笔迹看，唐某某在《反担保保证合同》中乙方1处作为法定代表人的签名与乙方3处作为个人的签名高度一致，据一般常人来看，两者并无较大差别。对于甲科技公司而言，因合同系某汽车公司等盖章、签字后邮寄给甲科技公司，甲科技公司在主观上不知情、不知悉、不了解盖章、签字的具体过程，但已对唐某某签字笔迹进行形式审查，故甲科技公司在主观上善意且无过失。另外，从签署的过程来看，基于甲科技公司对反担保保证合同中签章处某汽车公司公章、私章真实性、完备性的信赖，即使以上签字不是唐某某所签或捺印，甲科技公司在客观上也有充分理由相信该处是唐某某授权所签，因此构成表见代理，担保合同仍对唐某某有效，唐某某应当按合同约定承担保证责任。此即为二审法院的裁判思路，且鉴于唐某某的签名是否真实不会影响法院的裁判结果，法院对唐某某要求对签名及捺印进行司法鉴定的申请未予准许。

编写人：重庆市巴南区人民法院　陈宸　王勤勤

15

反担保保证期间自担保人向主债务人追偿的“宽限期”届满之日起算

——文化公司诉唐某等追偿权案

【案件基本信息】

1. 裁判书字号

青海省贵德县人民法院（2023）青2523民初499号民事判决书

2. 案由：追偿权纠纷

3. 当事人

原告：文化公司

被告：唐某、充某、小贷公司

【基本案情】

2019年6月，唐某、充某与银行签订借款合同，约定借款120万元，借款期限自2019年6月21日至2020年6月21日。同日，文化公司提供了三套房产作为抵押。

2019年5月，小贷公司向文化公司出具反担保函一份，为文化公司提供反担保，反担保范围为120万元。小贷公司出具反担保函未经股东会或董事会决议同意，文化公司也未对相关决议进行审查。

后银行将唐某、充某、文化公司诉至法院，法院判决唐某、充某归还借款本金120万元及利息，银行对文化公司的三套房产在唐某、充某债务范围内享有优先受偿权。该案进入执行程序后，文化公司陆续向银行清偿本金、利息、诉讼费合计150余万元。

2023年3月24日，文化公司将唐某、充某、小贷公司诉至法院，请求判令唐某、充某偿还代偿款150余万元，小贷公司承担连带清偿责任。小贷公司辩称，银行与唐某、充某重新签订了展期借款合同，并未通知小贷公司，此时主合同发生变化，其作为反担保，担保期限已届满，故其不承担连带责任。

【案件焦点】

反担保保证期间的起算点如何认定。

【法院裁判要旨】

青海省贵德县人民法院经审理认为：关于反担保行为的保证期间。文化公司认为，文化公司于2022年12月30日清偿完毕，保证期间应当为自2022年12月31日开始计算6个月。小贷公司认为，保证期间为一年。法院认为，连带责任保证的保证人与债权人未约定保证期间的，债权人有权自主债务履行期届满之日起六个月内要求保证人承担保证责任。本案中，双方未约定保证期间，故根据规定，保证期间为六个月。关于小贷公司认为保证期间为一年，该一年来源于《反担保函》载明的“……办理抵押贷款，借款期限为一年”，该一年系唐某向银行借款的期限，而非双方约定的保证期间，故小贷公司的该主张，法院不予支持。

关于保证期间从何时开始起算。法院认为，连带责任保证的债务人在主合同规定的债务履行期届满没有履行债务的，债权人可以要求债务人履行债务，也可以要求保证人在其保证范围内承担保证责任；主合同对主债务履行期限没有约定的或者约定不明的，保证期间自债权人要求债务人履行义务的宽限期届满之日起计算。本案中，小贷公司反担保的主债权是文化公司对唐某的追偿权，这一追偿权只有在文化公司实际承担担保责任并向唐某追偿时才发生。《反担保函》没有特别约定追偿权的履行期限，故属于“没有约定或约定不明”的情形，因此保证期间从文化公司实际履行担保责任并向唐某追偿之日起计算较为适宜。本案文化公司在2022年12月30日履行担保责任完毕，在2023年3月24日提起本案诉讼，故法院认为保证期间自2023年3月24日起计算六个月。

综上，文化公司主张小贷公司承担保证责任，没有超过保证期间。

青海省贵德县人民法院判决：

一、唐某、充某于本判决生效后三十日内给付文化公司代偿款1508464.82元，并承担自2023年1月1日至实际清偿日止，以代偿款1508464.82元为基数，按中国人民银行授权全国银行间同业拆借中心公布的一年期贷款市场报价利率标准计算的利息；

二、对本判决第一项确定的唐某、充某的义务，小贷公司对唐某、充某不能清偿部分的二分之一，即在600000元范围内承担赔偿责任；

三、驳回文化公司的其他诉讼请求。

宣判后，双方均未上诉，判决已发生法律效力。

【法官后语】

在现实生活中，银行、担保公司等金融机构为债务人提供保证担保时，几乎无例外地要求有反担保，其他担保人为减免风险而要求债务人提供反担保的情况也日渐增多。所谓反担保，是指债务人或者第三人向担保人作出保证或者设定物的担保，在担保人因履行债务或者承担责任而遭受损失时，向担保人作出清偿，故反担保合同担保的对象是担保人承担民事责任后对主债务人享有的追偿权。审判实践中，借款合同和担保（反担保）行为发生在民法典施行前，相关诉讼发生在民法典施行后的情形并不少见，本案所涉及的反担保的起算点的认定，实践中分歧很大，现分析如下：

有观点认为，在追偿权履行期限“没有约定或者约定不明确”情形下，反担保的保证期间应从担保人实际履行了担保责任之日起算，不考虑“宽限期”的问题，理由为：第一，《中华人民共和国民法典》第三百九十二条规定“提供担保的第三人承担担保责任后，有权向债务人追偿”，第七百条规定“保证人承担保证责任后，除当事人另有约定外，有权在其承担保证责任的范围内向债务人追偿，享有债权人对债务人的权利，但是不得损害债权人的利益”，根据法条文义，从保证人承担代偿责任之日起，即有权向债务人追偿，意味着在保证人承担代偿责任的当天，反担保的主债务履行期限即已届满。第二，《最高人民法院关于适用〈中华人民共和国担保法〉若干问题的解释》第四十二条第二款规定："保证人对债务人行使追偿权的诉讼时效，自保证人向债权人承担责任之日起开始计算。"该条明确规定，自保证人向债权人承担代偿责任之日开始计算保证人的诉讼时效，也即债务人对保证人的债务履行期限就已届满。

笔者认为，反担保保证期间的起算，应当将"宽限期"计算在内，即从担保人实际承担了担保责任再向主债务人追偿且从"宽限期"届满之日起算，理由为：

第一，反担保适用担保的相关规定，无论是《最高人民法院关于适用〈中华人民共和国担保法〉若干问题的解释》第三十三条，还是《中华人民共和国民法典》第六百九十二条第三款，均明确"保证期间自债权人请求债务人履行债务的宽限期届满之日起计算"，上述条款内容清晰明确，不存在理解上的分歧。

第二，根据《中华人民共和国民法典》第五百一十一条第四项规定，主合同履行期限不明确的，债务人可以随时履行，债权人也可以随时请求履行，但是应当给对方必要的准备时间，即给予宽限期；在宽限期届满之后，如果主债务人仍未清偿主债务的，则应承担违约责任，此时保证人也应当承担保证责任，因此，应自宽限期届满之日开始计算保证期间；该第五百一十一条第四项就是《中华人民共和国民法典》第六百九十二条第三款的原理。

第三，关于《中华人民共和国民法典》第三百九十二条和第七百条规定的"第三人承担担保责任后，有权向债务人追偿"，该条系赋权规范，而非义务规范，在没有约定履行期限的情况下，承担了担保责任的第三人对债务人享有履行期限选择权，可以向债务人追偿，也可以给予债务人相应的宽限期。

第四，关于《最高人民法院关于适用〈中华人民共和国担保法〉若干问题的解释》第四十二条第二款"保证人对债务人行使追偿权的诉讼时效，自保证人向债权人承担责任之日起开始计算"的规定，笔者认为，一方面，该条在于强调诉讼时效的起算时间，诉讼时效与保证期间系两个不同的概念；保证期间是指在保证合同的当事人之间约定，或者依法律规定，保证人在此期限内才承担保证责任，超过该期限，保证人不再承担保证责任的期间；诉讼时效为法定不能约定，保证期间的起算点和长度均可以由当事人约定，尽管实践中当事人很少对保证期间的起算点进行约定，但毕竟从理论上来看，当事人确实可以约定，故当事人约定“保证期间起算点在债务履行期限届满后若干日”亦属合理（推迟保证期间的起算点，也可以强化保证债务的“补充性”，如反担保人从自身角度考虑，可以和担保人约定，在担保人承担责任后，先由担保人向债务人追偿，如果债务人在六个月内未承担责任，反担保人方承担担保责任，开始起算反担保保证期间）；另一方面，《最高人民法院关于适用〈中华人民共和国担保法〉若干问题的解释》第三十三条已经明确“保证期间自债权人要求债务人履行义务的宽限期届满之日起计算”。

编写人：江苏省江阴市人民法院　潘亚伟　刘卓
青海省贵德县人民法院　央毛措

16

即使违约方未出庭应诉，人民法院亦可对约定过高的违约金予以调整

——某融资担保公司诉罗某、陈某追偿权案

【案件基本信息】

1. 裁判书字号

四川省成都市青羊区人民法院（2023）川 0105 民初 7099 号民事判决书

2. 案由：追偿权纠纷

3. 当事人

原告：某融资担保公司

被告：罗某、陈某

【基本案情】

罗某与陈某系夫妻。2019 年 12 月 6 日，罗某、陈某与某融资担保公司签订《反担保合同》，约定罗某、陈某因购房向某银行申请贷款 700000 元，某融资担保公司为其提供连带责任保证担保，罗某、陈某以购买的房屋提供反担保，如罗某、陈某未按借款合同约定履行义务构成违约且某融资担保公司承担了保证责任的，罗某、陈某应向某融资担保公司支付借款合同项下贷款总额 30%的违约金。同日，某融资担保公司向某银行出具《担保承诺书（公积金）》《担保承诺书（组合商贷部分）》。

2019 年 12 月 23 日，罗某、陈某与某银行签订《个人住房公积金借款合同》；2020 年 1 月 13 日，某银行向罗某、陈某发放贷款 400000 元。

2019 年 12 月 30 日，罗某、陈某与某银行签订《个人购房借款/担保合同》；2020 年 3 月 2 日，某银行向罗某、陈某发放贷款 300000 元。

2021 年 2 月 19 日，某融资担保公司作为权利人办理完成抵押权预告登记并取得《不动产登记证明》。

2023 年 1 月 6 日，某银行因罗某、陈某拖欠公积金贷款本息合计 382641.46 元、商业贷款本息合计 294002.7 元，向罗某、陈某发出《终止借款合同通知书》要求其在 2023 年 1 月 13 日前结清欠款本息。

2023 年 2 月 3 日，某银行向某融资担保公司发出《个人住房组合贷款履行保证责任通知书》，载明罗某、陈某未按时归还公积金贷款、商业贷款，某融资担保公司应向某银行承担连带保证责任，代为清偿罗某、陈某拖欠的公积金贷款 384434.87 元、商业贷款 295496.34 元。同日，某融资担保公司向成都住房公积金管理中心转账 384434.87 元、向某银行转账 300000 元，某银行出具证明，称某融资担保公司代罗某、陈某还款共计 679931.21 元，罗某、陈某的上述组合贷款现已全部结清。

因罗某、陈某未向某融资担保公司履行还款义务，某融资担保公司提出如下诉讼请求：（1）要求罗某、陈某偿还代其支付的个人公积金贷款本息 384434.87 元、商业贷款本息 295496.34 元；（2）要求罗某、陈某支付违约金

210000 元并承担保全费、公告费。罗某、陈某未到庭答辩，亦未提交书面答辩意见。

【案件焦点】

某融资担保公司要求罗某、陈某按照《反担保合同》的约定以贷款总额的 30% 支付 210000 元违约金是否过高需要调整。

【法院裁判要旨】

四川省成都市青羊区人民法院经审理认为：罗某、陈某经传票传唤无正当理由拒不到庭且未发表答辩意见，视为放弃答辩权利，由此产生的不利法律后果应由其自行承担。罗某、陈某与某融资担保公司、某银行分别签订的《反担保合同》《个人住房公积金借款合同》《个人购房借款/担保合同》系双方当事人的真实意思表示且不违反法律规定，依法应予保护。罗某、陈某未按照合同约定全面履行还本付息义务，应当承担相应违约责任，某融资担保公司在罗某、陈某出现逾期还贷情况并在代其向某银行清偿了尚欠的全部贷款本息后要求二人支付代偿款和违约金，理由正当，法院应予支持。

某融资担保公司要求罗某、陈某按照《反担保合同》的约定以贷款总额的 30% 支付 210000 元违约金。法院认为，某融资担保公司系基于民间借贷法律关系承担的连带保证责任，其实际损失包括代偿本息应当获得的合法利息收益及实现债权产生的合理必要费用。罗某、陈某未出庭参加诉讼，亦未对违约金是否过高提出有效抗辩，但如果严格依照合同的约定，将使罗某、陈某承担过重的惩罚性责任而使某融资担保公司获得远超订立合同时的期待利益。综上，法院认定《反担保合同》约定以贷款总额的 30% 计算违约金过高，应当予以调整，即综合考虑某融资担保公司的实际代偿金额、当事人履约情况以及过错程度等因素，同时参照其他类案裁判尺度，确定罗某、陈某应向某融资担保公司支付违约金为 700000 元×30%×60%＝126000 元。因某融资担保公司在本案中未申请财产保全，也未产生公告费用，故法院对某融资担保公司主张的保全费和公告费不予支持。

四川省成都市青羊区人民法院判决如下：

一、被告罗某、陈某于本判决生效之日起十日内向原告某融资担保公司支付代偿款 679931.21 元；

二、被告罗某、陈某于本判决生效之日起十日内向原告某融资担保公司支付违约金 126000 元；

三、驳回原告某融资担保公司的其他诉讼请求。

判决后，双方当事人均未上诉，本判决现已生效。

【法官后语】

违约金是指当事人约定或法律规定的、在一方当事人不履行或不完全履行合同义务时应当向另一方当事人支付的金钱。《中华人民共和国民法典》第五百八十五条第二款规定："约定的违约金低于造成的损失的，人民法院或者仲裁机构可以根据当事人的请求予以增加；约定的违约金过分高于造成的损失的，人民法院或者仲裁机构可以根据当事人的请求予以适当减少。"通常情况下，当事人会主动请求对过低违约金调高或对过高违约金调低，法院仅需依据当事人的主张及提交的证据进行调整；而本案特殊之处在于，合同约定的违约金为贷款总额的 30%，但违约方缺席审判，且未以任何形式提出酌减违约金的主张，在此情形下，法院依然可以依职权主动调整违约金。

违约金的调整以依申请为原则、依职权为例外。《中华人民共和国民法典》规定法院"可以根据当事人的请求"调整违约金，也就意味着法院也可以依职权主动调整违约金。虽然法院不应过多介入当事人对合同的意思自治，但当事人的意思自治亦应在诚实信用、公平正义的范围内行使。法院依职权对违约金进行调整，既能有效防止违约方任意违约，又能防止守约方利用对方之违约牟取不当利益，其根本目的是促进合同的诚实履行，维护公平正义的实现。

违约金制度兼具补偿性与惩罚性，其以"补偿性为主，惩罚性为辅"。补偿性违约金旨在填补守约方损失，遵循损失填平原则，以实际损失的发生为前提；惩罚性违约金旨在督促合同相对方积极履行合同义务，遵循意思自治、诚实信用原则，不以产生实际损失为前提。最高人民法院印发的《全国法院贯彻实施民法典工作会议纪要》第十一条规定:“……当事人请求人民法院减少违约金的,人民法院应当以民法典第五百八十四条规定的损失为基础,兼顾合同的履行情况、当事人的过错程度等综合因素,根据公平原则和诚信原则予以衡量,并作出裁判……”因此,即使违约方没有提出违约金过高的抗辩,但当事人约定的违约金过分高于实际损失,若支持守约方的请求将导致违约责任与违约行为不对等、显著有失公平时,人民法院可根据诚实信用原则依职权酌情调整违约金。

本案中,某融资担保公司作为从事贷款担保的专业公司和案涉格式合同条款的订立者,对自身履行担保责任可能获取的利益或可能产生的损失应当有所预见,从诚实信用及公平正义的角度来看,若严格依照合同的约定,将使罗某、陈某承担过重的惩罚性责任,而使某融资担保公司获得远超订立合同时的期待利益,既背离了违约金制度“补偿性为主,惩罚性为辅”的初衷,也有违社会公平正义观念。因此,尽管违约方未对违约金过高提出抗辩,法院也有权根据案件查明的事实,对约定过高的违约金进行调整,以促进社会的诚实信用和公平正义。

编写人:四川省成都市青羊区人民法院 赵光强

17

保证人和债权人的担保物权竞存时,债权人权利优先

——置业公司诉白某某追偿权案

【案件基本信息】

1. 裁判书字号

广西壮族自治区柳州市城中区人民法院(2023)桂0202民初1923号民事判决书

2. 案由：追偿权纠纷

3. 当事人

原告：置业公司

被告：白某某

【基本案情】

2019年1月7日，置业公司与白某某签订《商品房买卖合同》，约定置业公司将开发建设的位于柳州市桂中大道的某房屋出售给白某某，商品房总价款为1122766元，首期款352766元应于签订合同时付清，余款770000元由白某某申请贷款支付。后白某某与某银行柳州分行、置业公司签订《个人购房担保借款合同》，约定某银行柳州分行为白某某购买涉案房产提供770000元贷款，置业公司作为保证人为该笔贷款承担阶段性保证责任，白某某以案涉房产提供抵押担保。案涉房产于2019年3月13日办理了预告抵押登记手续，于2021年4月22日办理了房屋所有权首次登记。某银行柳州分行依约发放了贷款，但白某某多次未按约定偿还贷款本息，置业公司于2022年7月1日代其向某银行柳州分行偿还贷款本息28071.8元，故置业公司诉至法院要求白某某支付代偿款、违约金、律师代理费共计38318.34元，并依据《最高人民法院关于适用〈中华人民共和国民法典〉有关担保制度的解释》第十八条第二款的规定主张对案涉抵押房产折价或者以拍卖、变卖所得价款优先受偿。某银行柳州分行则主张其对案涉抵押房产享有第一顺位的优先受偿权，请求驳回置业公司关于确认优先受偿权的诉讼请求。

另查明，因白某某多次未按约定偿还贷款本息，某银行柳州分行于2022年7月21日向法院提起诉讼，要求：解除案涉《个人购房担保借款合同》；白某某偿还贷款本金742359.55元及逾期利息、罚息，支付律师服务费33316元；确认某银行柳州分行对案涉抵押房产拍卖、变卖所得价款享有优先受偿权；置业公司对白某某的上述债务承担连带保证责任。法院经审理后，于2022年9月14日作出（2022）桂0202民初2812号民事判决书，判决：解除案涉《个人购房担保借款合同》；白某某应偿还尚欠借款本金737003.52元及逾期利息、罚息，白某某不履行债务时，某银行柳州分行对抵押房产享有优先受偿权等。（2022）桂 0202 民初 2812 号民事判决书生效后，某银行柳州分行于 2023 年 2 月 27 日向法院申请强制执行。

【案件焦点】

置业公司对案涉抵押房产是否享有优先受偿权。

【法院裁判要旨】

广西壮族自治区柳州市城中区人民法院经审理认为：关于置业公司是否对案涉房屋享有优先受偿权的问题，案涉抵押房屋经已发生法律效力的民事判决依法认定了某银行柳州分行基于预告抵押登记和已办理所有权首次登记的事实而获得了抵押权，因此认定了某银行柳州分行对涉案房屋在抵押担保范围内享有优先受偿权。本案中，置业公司基于阶段性连带责任保证代白某某向某银行柳州分行清偿了贷款本息 28071.80 元，虽然置业公司基于《最高人民法院关于适用〈中华人民共和国民法典〉有关担保制度的解释》第十八条第二款应有权主张行使债权人对债务人的担保物权，但在主债权人某银行柳州分行的债权尚未得以完全实现的情况下，置业公司所主张行使的担保物权系因其向债权人履行了保证担保义务而获得的法定的代位权，该担保物权不应与作为债权人的某银行柳州分行基于抵押登记所获得的担保物权冲突，也不应与某银行柳州分行按比例分享对抵押物的优先受偿权，而应劣后于已登记的抵押权人即某银行柳州分行的抵押权。

广西壮族自治区柳州市城中区人民法院依照《中华人民共和国民法典》第五百零九条第一款、第五百七十七条、第七百条，《最高人民法院关于适用〈中华人民共和国民法典〉有关担保制度的解释》第十八条第二款，《中华人民共和国民事诉讼法》第一百四十七条之规定，作出如下判决：

一、被告白某某于本判决生效之日起十日内向原告置业公司支付代偿款 28071.8 元；

二、被告白某某于本判决生效之日起十日内向原告置业公司支付违约金

（该违约金以原告代偿款为基数，按代偿日当日的一年期贷款市场报价利率上浮50%，从代偿之日开始分段计算至实际清偿之日止，但违约金总额不超过8421.24元）；

三、被告白某某于本判决生效之日起十日内向原告置业公司支付律师代理费1825元；

四、被告白某某于本判决生效之日起十日内向原告置业公司支付保全保险费500元；

五、若被告白某某不履行上述第一、二项债务时，原告置业公司有权以被告白某某名下位于柳州市桂中大道×××房屋折价或者以拍卖、变卖抵押物所得价款在28071.8元及违约金的范围内优先受偿（劣后于已登记的抵押权人即第三人某银行柳州分行）。

判决后，双方当事人均未上诉，本判决现已生效。

【法官后语】

关于保证人承担保证责任代为清偿债务后，就债务人的抵押财产是否享有优先受偿权的问题，《中华人民共和国民法典》第七百条在原有规定的保证人“有权在其承担保证责任的范围内向债务人追偿”的基础上，明确了保证人“享有债权人对债务人的权利”，从而确定了担保追偿的法定代位权性质，《最高人民法院关于适用〈中华人民共和国民法典〉有关担保制度的解释》第十八条第二款则对保证人追偿权行使规则作了更进一步的解释与说明，司法实践中对此类案件的处理基本达成一致。但需要注意的是，《中华人民共和国民法典》第七百条在对原有的追偿权规则予以改造与优化的基础上，对保证人行使追偿权设置了“不得损害债权人的利益”的限制。“不得损害债权人的利益”，是指当债权人与保证人的权利出现竞存时，应当优先保障债权人利益的实现，具体到本案中，主要包括以下两方面内容：

其一，债权未完全实现下保证人受偿权的限制。保证人在承担部分保证责任后，获得对主债务人的追偿权，此种情形下主债务人至少负有两笔债务：一是主债权人未获得全部清偿的对主债务人享有的剩余之债；二是保证人履行保证责任形成的对主债务人的请求权。如果主债务人的责任财产可以完全覆盖上述债务，则二者的清偿顺位不影响各方利益实现。但如果主债务人的责任财产不足以覆盖上述负债的，则应优先清偿债权人的剩余债权，再用于清偿保证人的追偿债权。本案中，虽然追偿权是置业公司履行保证债务之后对白某某原始取得的新权利，在性质上与银行的剩余债权都属于一般债权，理应按比例平等受偿，但是从三者的关系来看，白某某（债务人）和置业公司（担保人）的关系属于内部关系，银行（债权人）与白某某（债务人）的关系属于外部关系，根据民法的基本原理，当内部关系和外部关系相冲突时，应先满足外部关系，因此置业公司不能主张与银行的剩余债权平等受偿，否则将损害债权人的利益，也有违担保设立的目的——强化债权的实现。

其二，债的保全或享有抵押等从权利行使的限制。根据《中华人民共和国民法典》第七百条的规定，保证人承担保证责任后享有债权人对债务人的权利。相同的，如果保证人清偿了全部债务，则债权人的债权得以完全实现，自然不存在其利益受到损害的问题。但本案中，置业公司仅代白某某清偿了部分债务，剩余债务至今仍未清偿完毕，导致银行和置业公司在担保物权的实现上产生竞存。此时，即便置业公司承担了部分保证责任，其获得的对白某某的权利也受到债权人利益实现的限制，即当白某某提供的担保财产价值无法完全覆盖债权时，通过拍卖、变卖或以其他方式处置担保财产所得款项应先清偿银行，剩余部分再清偿置业公司，银行的受偿顺序先于置业公司，而不是按照债权比例对担保财产价值进行受偿。

保证人的追偿权规则有效平衡了债权人、保证人的利益，一定程度上减少了市场融资的成本与风险。但在风险社会的当下，即便存在担保，债权实现也并不必然具有确定性和实现的完全性，在此情形下，担保的追偿权行使也应根据债权实现的情况受到必要的限制。本案就是出于对“不得损害债权人的利益”的考虑，在银行的债权未获得全部清偿的情况下，确认置业公司有权对案涉抵押房产处置价款优先受偿的同时，对其优先受偿的顺位作出了一定限制，即劣后于债权人。

编写人：广西壮族自治区柳州市城中区人民法院　郭娜　龙炜林

18

连带债务部分免除的涉保证人效力

——施某某诉沈某、刘某某追偿权案

【案件基本信息】

1. 裁判书字号

福建省厦门市中级人民法院（2023）闽02民终1428号民事判决书

2. 案由：追偿权纠纷

3. 当事人

原告（被上诉人）：施某某

被告（上诉人）：沈某

被告：刘某某

【基本案情】

2009年9月26日，刘某某因生意周转需要，向案外人苏某某借款人民币15万元整，刘某某、苏某某与施某某三人签订《借款协议书》，施某某作为保证人承担连带担保责任。

至借款期限届满，刘某某仍未归还案外人苏某某15万元借款。苏某某以借款人刘某某、保证人施某某及刘某某原配偶沈某作为被告诉至法院。2013年12月20日，福建省厦门市思明区人民法院判决刘某某、沈某共同偿还苏某某15万元借款及利息，施某某承担连带责任并有权在承担保证责任后向债务人追偿。

2016年12月7日，苏某某领取了从沈某账户划扣的执行款15333元。2018年4月25日，沈某向苏某某转账支付80000元。同日，双方签订《执行笔录》，苏某某表明："自动放弃向沈某主张本案的还款义务，并向法院申请就本案撤销对沈某的执行，并解除对沈某的一切财产控制措施和强制措施，沈某不再承担本案的任何还款义务。”

2019年4月3日，苏某某与施某某签订一份《协议书》，双方协商一致同意由施某某转给苏某某60000元后，苏某某撤销施某某的担保责任。同日，施某某委托他人支付了60000元款项。

保证人施某某承担60000元保证责任后向刘某某、沈某追偿无果，故诉至法院，请求判决：刘某某及其原配偶沈某共同向施某某偿还60000元及资金占用期间利息（以60000元为基数，按一年期LPR自起诉之日起计算至实际还款之日止）。

【案件焦点】

在连带债务人沈某已经与债权人达成个别清偿协议且履行的情况下，保证人施某某在清偿剩余债务后，是否有权向沈某主张追偿权。

【法院裁判要旨】

福建省厦门市思明区人民法院经审理认为：施某某根据（2013）思民初字第5728号生效民事判决，就刘某某、沈某向苏某某的借款本息承担连带担保责任，代刘某某、沈某向苏某某偿付借款本息合计60000元。现施某某诉求刘某某、沈某归还代偿款60000元及自起诉时起计算的资金占用期间利息，具有事实及法律依据，予以支持。苏某某与沈某在《执行笔录》中约定的“自动放弃向沈某主张本案的还款义务，并向法院申请就本案撤销对沈某的执行，并解除对沈某的一切财产控制措施和强制措施，沈某不再承担本案的任何还款义务”系债权人苏某某与债务人沈某之间的约定，并不能约束担保人施某某，施某某在承担保证责任后，有权在其承担保证责任的范围内向债务人刘某某及沈某追偿。

据此，福建省厦门市思明区人民法院判决如下：

刘某某、沈某应于判决生效之日起十日内向施某某偿还60000元及资金占用期间利息（以60000元为基数，按照年利率3.7%自2022年3月31日起计算至实际还款之日止）。

宣判后，沈某向福建省厦门市中级人民法院提出上诉。

福建省厦门市中级人民法院经审理认为：根据《中华人民共和国民法典》第七百条规定，保证人承担保证责任后，除当事人另有约定外，有权在其承担保证责任的范围内向债务人追偿，享有债权人对债务人的权利，但是不得损害债权人的利益。据此规定，保证人取得的是法定代位权，其权利范围不能超过债权人对债务人的权利范围。债务人对债权人的抗辩，基于保证人的法定代位权，也可以向保证人主张。据此，在本案中，苏某某表明“自动放弃向沈某主张本案的还款义务……沈某不再承担本案的任何还款义务”，在苏某某已经免除沈某还款责任的情形下，施某某对沈某不再享有债权，其无权向沈某追偿，沈某不再对施某某负有还款义务。一审对此判决有误，应予以纠正。福建省厦门市中级人民法院依照《中华人民共和国民事诉讼法》第一百七十七条第一款第二项规定，判决如下：

一、变更厦门市思明区人民法院（2022）闽0203民初10134号民事判决为：刘某某应于判决生效之日起十日内向施某某偿还60000元及资金占用期间利息（以60000元为基数，按照年利率3.7%自2022年3月31日起计算至实际还款之日止）。

二、驳回施某某一审其他诉讼请求。

【法官后语】

部分债务人偿还全部债务的意愿较低，通常其仅愿偿还其应当承担的那部分债务。虽然《中华人民共和国民法典》规定了部分债务人超出其内部应承担份额债务时，有权向其他债务人追偿，但这也使得追偿人处于“追偿不能”或者“追偿困难”的风险之中。面对司法实践中连带债务“执行难”的问题，也有不少债权人为保障债权的快速实现、加速资金的回笼和流转而同意与部分连带债务人达成个别清偿协议。即：个别债务人向债权人偿还一定数额后，债权人即同意解除该个别债务人的强制执行措施，并免除该个别债务人的还款义务。然而由于连带之债对于各债务人的一体性，因此必然涉及与部分债务人签订的清偿协议对其他债务人、保证人的效力问题，即涉他效力问题。

《中华人民共和国民法典》新增的关于连带债务涉他效力的第五百二十条第二款规定："部分连带债务人的债务被债权人免除的，在该连带债务人应当承担的份额范围内，其他债务人对债权人的债务消灭。"其确立了连带债务涉他效力的限制绝对效力规则，为解决此类问题提供了一般性适用规则的破题之法。

限制绝对效力规则其实是将连带债务人内部约定的债务份额一定程度地外部化，对债权人的行为发生一定拘束力。举例而言，债权人对连带债务人甲、乙、丙享有共计10万元债权，内部债务份额为甲4万元、乙3万元、丙3万元，现债权人与甲达成3万元的个别清偿协议，那么债权人实际上是通过个别清偿协议免除了甲4万元的内部份额，其只能向乙、丙主张剩余的6万元，而不是7万元。

从立法关于简化债权债务关系的精神出发，结合限制绝对效力规则，个别清偿协议达成的低于该个别清偿人应还份额的清偿金额，其中的差额应视为债务免除，是债权人对自身债权的放弃，并对全体债务人发生法律效力。而重新审视个别清偿人的清偿行为，实际上是以较低的协议清偿金额达到了清偿全部该个别清偿人内部应承担份额的法律效果。由此可见，连带债务个别清偿协议的达成并不会导致其他债务人负担债务的加重，甚至有可能因为个别清偿协议超额还款而获得减轻。进言之，个别清偿债务人也在个别清偿协议中偿清了其内部应承担的份额，而民法典规定连带债务人内部互相追偿时，被追偿人仅在其未履行的份额范围内承担被追偿责任，因此就不存在其他债务人在超出自身份额还款后向个别清偿人追偿的问题。

回归到保证人是否可向个别清偿人追偿的问题本身。保证人追偿权的原理是：保证人替代债务人履行了债务而遭受了损失，从公平和等价交换原则出发，应当赋予保证人向债务人追偿的权利。然而，对于个别清偿人来说，其在履行完毕个别清偿协议后，即相当于该债务人已就其应承担的份额实际承担了债务。这就意味着，个别清偿人并不存在未履行的份额，那么保证人代债务人清偿剩余债务的行为就不能认为是包括该个别清偿人在内，而是代"除个别清偿人之外的其他债务人”履行债务。而个别清偿人也并不因保证人的履行行为而获益，因此保证人无法以替代债权人的地位向其追偿。同时，由于个别清偿人之外的其他债务人对个别清偿人并无追偿权，因此保证人也无法以替代其他债务人的地位向其追偿。

个别债务的免除是否属于主合同的变更，且减少了保证人可追偿的对象，应当经保证人的同意？无论个别清偿协议所达成的清偿金额为多少，其他债务人的责任均在被免除债务人应当承担的范围内予以免除。相应的，保证人作为替代除个别清偿人之外其他债务人承担的保证责任，也在个别清偿人内部份额范围内得到免除。故，个别清偿协议的达成并不导致保证人责任的加重。而个别清偿协议的履行实际上帮助保证人“实现了部分追偿权”，而且所实现追偿权的部分还不仅仅是个别清偿协议达成的金额，而是被免除债务人内部所应当负担的份额。由于有追偿权不等于能够实现追偿权，债权人部分免除行为实质上减轻了保证人的追偿风险，因此，不能认为减少了可追偿对象就会导致保证人的责任加重。

编写人：福建省厦门市中级人民法院 许莹
福建省厦门市集美区人民法院 王明康

19

合同书仅有公司盖章无行为人签字，合同效力的司法认定

——甲物流公司诉潘某等追偿权案

【案件基本信息】

1. 裁判书字号

山东省济宁市中级人民法院（2023）鲁08民终5785号民事判决书

2. 案由：追偿权纠纷

3. 当事人

原告（被上诉人）：甲物流公司

被告（上诉人）：乙运输公司

被告：潘某、赫某

【基本案情】

2021年8月，原告甲物流公司（甲方）与被告潘某（乙方）、赫某（丙方）、乙运输公司（丙方）签订了《委托担保/反担保保证合同》，合同主要约定：乙方因资金不足，向某银行申请贷款用于购买货运车辆；根据乙方的委托，由甲方提供担保，与某银行、乙方订立借款担保合同；乙方自身向甲方提供反担保，丙方受乙方的委托向甲方提供反担保；甲方为乙方担保的债务范围为借款担保合同项下的贷款本金人民币200000元、利息、复息、罚息、违约金、损失赔偿金以及实现债权的费用；反担保保证责任方式为连带保证责任，乙、丙方负不可撤销连带保证责任；保证期间为履行还款义务期限届满之日起两年。合同签订后，某银行按约定向潘某发放了贷款。合同履行中，被告潘某向某银行偿还了部分贷款本息，后来出现还款逾期，原告甲物流公司于2022年9月30日共计代被告潘某偿还了贷款本息147688.84元，但被告潘某未向原告偿还该代偿款，被告赫某、乙运输公司也未履行反担保责任。为此，原告甲物流公司诉至一审法院。

【案件焦点】

担保合同加盖公司公章及法定代表人个人章，但公司不认可且没有经办行为人的签字，应如何认定合同效力。

【法院裁判要旨】

山东省梁山县人民法院经审理认为：某银行按照借款担保合同向潘某发放了贷款，潘某作为借款人应当依照该借款担保合同的约定向某银行偿还贷款，但其出现还款逾期，原告甲物流公司作为该笔贷款的连带责任保证人，代被告潘某向某银行偿还了贷款本息147688.84元，有贷款还款通知单以及银行出具的证明为凭，应予认定。因甲物流公司的代偿行为，使潘某在某银行的相应债务消灭，免除了潘某向某银行偿还相应贷款的责任。甲物流公司履行保证责任后，被告潘某作为债务人和自身向甲物流公司提供反担保的连带责任保证人，被告赫某、乙运输公司作为提供反担保的连带责任保证人，应当对甲物流公司承担反担保的连带保证责任。故，甲物流公司要求潘某偿还代偿款147688.84元并要求被告赫某、乙运输公司承担连带保证责任的诉讼请求，于法有据，予以支持。甲物流公司要求的滞纳金，应自2022年10月1日起至实际清偿之日止，按一年期贷款市场报价利率（LPR）的四倍计算。甲物流公司委托律师出庭参加诉讼，并提供了《委托代理合同》甲物流公司为此支出的律师费3000元应当由潘某承担。而诉讼保全责任保险费500元亦属于双方约定的实现债权的相关费用，予以支持。

综上，山东省梁山县人民法院依照《中华人民共和国民法典》第三条、第四百六十五条、第五百零九条、第六百八十九条、第七百条，《中华人民共和国民事诉讼法》第一百四十七条的规定，判决如下：

一、被告潘某于本判决生效之日起十日内偿还原告甲物流公司代偿款147688.84元及滞纳金。

二、被告潘某于本判决生效之日起十日内向原告甲物流公司支付律师费3000元、诉讼保全责任保险费500元，合计3500元。

三、被告赫某、乙运输公司对本判决第一、二项债务承担连带清偿责任，并享有《中华人民共和国民法典》第七百条规定的权利。

乙运输公司不服一审判决，提起上诉。山东省济宁市中级人民法院经审理认为，一审法院判令乙运输公司承担该笔款项的连带清偿责任亦无不当。山东省济宁市中级人民法院判决：

驳回上诉，维持原判。

【法官后语】

本案涉及的是印章与合同效力的认定。民事交易行为中，合同签订究竟是

“看人”还是“看章”，在异常人章关系情况下，如何认定合同效力，审判实践中，存在不同的观点。一种观点认为，应当从审查盖章之人有无代表权或代理权来认定合同效力，有代表权或者代理权的人即便加盖的不是备案公章或者伪造的印章，也应认定合同效力；另一种观点认为，应当以合同书上加盖的公章真假来确定合同效力。如果加盖的是真公章，即便盖章之人没有代表权或代理权，公章主体仍应承担民事责任；如果加盖的是假公章，则意味着行为主体的意思表示并非公章所属法人或非法人组织真实的意思表示，法律后果不能归责于公章主体，故合同应认定为无效。《最高人民法院关于适用〈中华人民共和国民法典〉合同编通则若干问题的解释》第二十二条对审判实践的争议予以明确回应，采用第一种观点。即“法定代表人、负责人或者工作人员以法人、非法人组织的名义订立合同且未超越权限，法人、非法人组织仅以合同加盖的印章不是备案印章或者系伪造的印章为由主张该合同对其不发生效力的，人民法院不予支持”。通过上述规定可以看出，合同效力的关键并不在于公章的真假，而在于盖章之人有无代表权或代理权。审判实践中，根据合同中是否加盖公章、是否有法定代表人签字、是否有经办行为人签字等情形，合同的外在表现形式亦多种多样。本案中存在公司印章和法定代表人私章，但没有行为人的签字，应如何认定合同效力，主要考虑以下因素：

1. 合同的外观形式。采用合同书等书面形式订立合同，由合同双方当事人签字、盖章是企业间订立合同的一种常见方式。根据通常的交易行为，合同尾部需签字盖章。签字一般为法定代表人签字或者其授权的委托代理人签字，盖章应当加盖公司的公章或合同专用章。本案中乙运输公司在盖章处加盖了公司印章及法定代表人的私章，但行为人没有签字，且乙运输公司法定代表人称其公司印章及法定代表人私章均不是备案章，不予认可合同效力。

2. 公章的代表权限。广义的公章包括：公章、财务专用章、合同专用章、法定代表人章、发票专用章，其中公章、财务专用章、合同专用章需在工商登记部门备案。狭义的公章仅仅指经过工商管理部门核准登记批准刻制，带有公司名称的公章，具有代表公司权利的职能，通常称为公司行政章。企业交易活动一般以书面为主，加盖公章是合同成立的必要条件。从对外层面上讲，公章是代表公司的意思表示，公司与他人签订合同或作出其他承诺需要加盖公司公章表示确认，是公司对外明示其归属主体自身某一特定行为以及因此应承担责任后果的重要法律凭证。原则上，公司各类印章均可对外代表公司，但在法律明确规定印章类型或者当事人明确约定印章类型的情况下例外。

3. 行为人有无代表权或代理权。行为人为法定代表人时，即便其未在合同上盖章或盖的章是假章，只要法定代表人的签字是真实的，就应认定该行为为公司行为，由公司承担法律后果；如果行为人是法定代表人之外的人，应当审查行为人是否有权代表或代理，如行为人无代表权或超越代表权的，即便加盖的是真公章，该合同也有可能会因为无权代表或无权代理而归于无效。甲物流公司与潘某、赫某、乙运输公司签订的《委托担保/反担保保证合同》加盖有乙运输公司的公章和法定代表人章，甲物流公司陈述缔约合同的行为人系刘某国，其为乙运输公司的股东及监事，乙运输公司认可刘某国系其股东和监事，但主张合同中乙运输公司的公章和法定代表人章均不是向公安机关备案的备案章，合同对乙运输公司不发生效力。但经法院审查，虽然乙运输公司提交了其在公安机关的备案章，确与合同中加盖的乙运输公司的公章不一致，但甲物流公司提交的某银行出具的《汽车抵押合同》、济宁市交通警察支队出具的《汽车抵押合同》中乙运输公司的公章与案涉的《委托担保/反担保保证合同》中乙运输公司的公章完全一致，不能以合同中公章非乙运输公司的备案章来否定合同效力，故法院认定该《委托担保/反担保保证合同》合法有效，对乙运输公司有约束力。

4. 合同相对人的审核义务。根据商法外观主义原则，商事行为的合同相对人对合同的印章真伪、法定代表人的签字印章的真伪不具有实质审查义务。在合同交易中，合同相对人的审查义务仅限于对合同签字主体是否具有代理权、代表权，对合同加盖的印章的外观进行一般的形式审查，故《中华人民共和国民法典》规定了职务代理与表见代理的不同情形，以维护商事交易的稳定性。本案中缔约行为人是刘某国，其系公司的股东、监事，且持有公司印章及法定代表人私章，相对人有理由相信其有代理权，其所签订的合同对乙运输公司具有法律效力。

《最高人民法院关于适用〈中华人民共和国民法典〉合同编通则若干问题的解释》第二十二条明确了“认人不认章”的裁判思路，真正解决了实践中存在的“真人假章”的问题，在《全国法院民商事审判工作会议纪要》基础上对异常人章关系进行了完善和补充，为审判实践指明了方向。同时也提醒企业，对内要规范公司公章管理，做到专人专管，严防公章滥用。对外在从事民事交易时，要树立“看人不看章”的商业思维，做好审核和风险防控，重点审查对方行为人是否具有代理权限或是否为有权法定代表人。本案对在法律框架下规范企业经营的公章管理、合同签订等行为，树立了“盖章谨慎、减少风险”的意识，对促进企业经营者依法依规从事商事经营活动，促进企业良性健康发展具有重要意义。

编写人：山东省济宁市中级人民法院　潘玉清

20

一人公司关联担保的效力认定

——陈某诉某集团公司等借款合同案

【案件基本信息】

1. 裁判书字号

北京市第三中级人民法院（2024）京03民终2081号民事判决书

2. 案由：借款合同纠纷

3. 当事人

原告（被上诉人）：陈某

被告（上诉人）：某集团公司

被告：某房地产公司、潘某

【基本案情】

陈某与某集团公司签订《借款暨担保合同》，陈某向某集团公司出借本金3000万元，某房地产公司、潘某为保证人。借款期限为2019年8月7日至2019年9月10日，利息为年利率36%。保证人共同对某集团公司的债务（包含借款本息、逾期违约金、甲方为实现债权的所有费用等）承担连带保证责任。保证期限为借款期限届满之次日或展期期限届满之次日起计算两年。保证人承诺，其签订本协议已经取得合法有效的授权，对该合同项下债权本息的担保已取得董事会或股东会决议一致同意通过，各自然保证人承诺，已征得各自配偶同意，愿意以家庭共有财产承担连带保证责任。2019年8月7日，陈某通过其银行账号向某集团公司转账3000万元。在《借款暨担保合同》签订之时，某房地产公司由某集团公司100%控股，系法人独资的一人有限公司，潘某时任某集团公司与某房地产公司的法定代表人。因某集团公司逾期未偿还借款，陈某向法院提起诉讼，要求某集团公司返还借款3000万元及利息（以3000万元为基数，自2019年8月7日起至实际清偿之日止，按照年利率36%标准计算），并要求某房地产公司、潘某对某集团公司的上述债务承担连带清偿责任。

【案件焦点】

一人公司在未经股东会决议情况下为公司股东或实际控制人提供担保，该担保行为是否有效。

【法院裁判要旨】

北京市通州区人民法院经审理认为：关于一人有限公司为公司股东或实际控制人所提供担保在没有股东（大）会决议的情况下是否有效，在法律并无明确禁止性规定的情况下，对于一人公司为其股东或实际控制人提供担保的效力应予以肯定。首先，公司法及其相关司法解释对于一人有限公司为股东或实际控制人的债务提供担保并未禁止，而在公司法之中对于公司对外担保予以规定的条文系《中华人民共和国公司法》第十六条，根据该条规定，在公司为无投资关系和无实际控制关系的其他法人、经济组织和个人提供担保时，应依据章程的授权由公司经营决策机构董事会或者公司所有者决策机构股东会行使；在公司为有投资关系的股东或者实际控制人提供特殊担保时，其决策权只能由公司所有者决策机构股东会行使。《中华人民共和国公司法》第六十一条规定："一人有限责任公司不设股东会。股东作出本法第三十七条第一款所列决定时，应当采用书面形式，并由股东签字后置备于公司"。因此，一人有限责任公司不设股东会，其公司所有权和经营权未分离，均由公司所有者即唯一股东行使。对于不设股东会的一人有限公司而言，公司的经营决策事项也往往并不形成股东会决议，故而《中华人民共和国公司法》第十六条的规定自无适用的基础。但依《中华人民共和国公司法》第十六条规定可知，为他人担保的决策权属于公司所有者的权利，一人有限公司的股东作为公司的所有者理应可以行使有限责任公司股东会的全部职权，自然也应当包括作出公司为股东或实际控制人债务担保的决定的权利。其次，从《中华人民共和国公司法》第十六条的立法本意和立法目的来看，该条所规定的特殊担保下股东回避表决制度，旨在防止大股东（利害关系股东）滥用股东权利，通过关联担保损害公司或其他股东的权利，以保护公司和小股东（无利害关系股东）免受公司对外担保的风险，确保公司客观、公正地决定是否为其股东进行担保，而非绝对禁止该类特殊担保。就一人有限公司而言，并不存在大股东与小股东之别，也不存在利害关系股东与无利害关系股东之别，唯一的股东同意提供担保，不仅体现股东意志，也体现公司意志，在没有其他利害关系股东存在的情形下，自然不涉及损害其他股东利益的问题，一人有限公司的股东可以自行作出由一人有限公司为自己债务或自己股东、控制人的债务提供担保的决定。本案中，某集团公司作为某房地产公司的唯一股东，在以某集团公司作为债务人的主合同中以保证人身份盖章，视为已经就该担保事项作出股东决定。综上，潘某作为某房地产公司的法定代表人，在《借款暨担保合同》中盖章及签名的行为，不构成越权代表，其行为对某房地产公司发生效力。陈某要求某房地产公司承担连带保证责任，法院予以支持。

北京市通州区人民法院判决如下：

一、某集团公司于本判决生效之日起七日内偿还陈某借款本金3000万元；

二、某集团公司于本判决生效之日起七日内向陈某支付利息（以本金3000万元为基数，自2019年8月7日起至实际还清之日止，按照年利率24%标准计算）；

三、某房地产公司、潘某就上述第一、二项内容向陈某承担连带保证责任，某房地产公司、潘某承担保证责任后，有权向某集团公司追偿；

四、驳回陈某的其他诉讼请求。

某集团公司不服该判决，向北京市第三中级人民法院提起上诉，北京市第三中级法院同意一审法院裁判观点，判决如下：

驳回上诉，维持原判。

【法官后语】

根据《中华人民共和国公司法》第十五条规定，公司为公司股东或者实际控制人提供担保的，必须经股东会或者股东大会决议。本案涉及一人公司未经股东会决议为其股东提供担保的，该担保行为的效力认定问题。

一、关于一人公司在无股东会决议情况下为股东提供担保的效力

一人公司在无股东会决议情况下为其股东提供担保的行为应认定为有效。一人公司虽然形式上具有独立人格，但在股东未举证证明公司财产独立于股东财产的情形下，公司的人格将被推定与股东的人格发生混同，股东应当对公司债务承担连带责任。一人公司不设股东会，公司的所有权与经营权均由其唯一股东行使，一人公司为股东提供担保，可以理解为一人公司为自己的债务提供担保，此时无须公司决议，一人公司即可为其股东提供担保。《最高人民法院关于适用〈中华人民共和国民法典〉有关担保制度的解释》第十条关于一人有限责任公司为其股东提供担保，公司以违反公司法关于公司对外担保决议程序的规定为由主张不承担担保责任的，人民法院不予支持的相关规定，亦可表明司法解释对一人公司为其股东提供担保效力予以肯定。

本案中，陈某与某集团公司签订《借款暨担保合同》之时，某房地产公司系由某集团公司100%控股，系法人独资的一人公司，某房地产公司在某集团公司作为债务人的主合同中以保证人身份盖章，可视为某集团公司为自身债务

提供担保，此时无须某房地产公司决议，亦或可视为某房地产公司已就担保事项作出股东决议，故法院支持了陈某要求某房地产公司对某集团公司债务承担连带担保责任的诉讼请求。

二、关于一人公司在无股东会决议情况下为实际控制人提供担保的效力

一人公司为实际控制人提供担保时，因一人公司股东并非担保人，无法直接得出一人公司所作出关联担保即为股东的意志，此时可适用《中华人民共和国公司法》第十五条关于公司关联担保及关联股东回避表决程序的相关规定进行审查，进而判断一人公司为实际控制人提供关联担保是否为股东真实意思表示。

以上述案件为例，假设某房地产公司由某集团公司作为法人股东持股100%，某集团公司由自然人王某持股51%，王某为某集团公司和某房地产公司实际控制人，在某房地产公司为王某的对外债务提供关联担保时，应穿透式审查某房地产公司关联担保行为是否经过其法人股东同意，综合以下因素予以考量：一是某集团公司对担保事项作出决定时王某作为实际控制人是否实施了支配和干预行为，二是王某如为公司董事、监事、高级管理人员是否违反了法定的忠实义务，三是公司担保的相对方是否为善意，以及其他相关因素综合认定一人公司为实际控制人提供关联担保的法律效力。

编写人：北京市通州区人民法院　刘晓静

21

法定代表人个人承担保证责任的严格认定

——某小贷公司诉某开发公司等借款合同案

【案件基本信息】

1. 裁判书字号

江苏省镇江市中级人民法院（2023）苏 11 民终 619 号民事判决书

2. 案由：借款合同纠纷

3. 当事人

原告（被上诉人）：某小贷公司

被告（上诉人）：某开发公司、王某某

被告（被上诉人）：某建设公司、某混凝土公司、某装饰公司、章某某

被告：刘某、张某甲、唐某、张某乙

【基本案情】

2017 年 4 月 18 日，某小贷公司与某建设公司签订了《借款合同》，约定借款种类为短期借款；借款金额 300 万元；月利率 8.7‰等内容。同日，某小贷公司与某混凝土公司、某开发公司、某装饰公司、王某某、章某某签订《保证合同》，约定为《借款合同》项下债权提供连带责任保证。当日，刘某、张某甲、唐某、张某乙向某小贷公司出具《承诺书》，以家庭财产承诺对某建设公司的借款承担无限连带清偿责任。某小贷公司依约向某建设公司发放借款 300 万元。某小贷公司出示了 2017 年 4 月某混凝土公司、某开发公司、某装饰公司分别作出的《董事会（股东会）决议》，均载明：三公司经董事会（股东会）研究决定，同意为上述借款提供连带责任保证。

合同约定的借款期限届满后，某建设公司未能按约还款，某建设公司分别于 2017 年 4 月 18 日、2018 年 10 月 18 日、2019 年 4 月 18 日三次向某小贷公司提交《借款人展期申请书》。上述三份《借款人展期申请书》有保证人盖章、签字。

某小贷公司提交的《承诺书》载明："某小贷公司：2017 年 4 月 18 日刘某在贵公司贷款 300 万元；2017 年 4 月 18 日某建设公司在贵公司贷款 300 万元；2017 年 6 月 9 日张某某在贵公司贷款 210 万元，上述贷款均已逾期，未依约归还（仅归还部分，具体以还款凭证为准），承诺人作为上述贷款的保证担保人，同意继续承担连带保证担保责任。"落款"承诺人 1"处加盖有某装饰公司公章，同时有"章某某"签名，日期为 2021 年 12 月 19 日；"承诺人 2"处有"章某某"签名。《承诺书》右下方有"已还贰佰万元正"手写内容，此处文字下方有某安装工程公司公章，并有"王某某"签名，日期为 2021 年 12 月 21

日。《承诺书》右下方有“刘某”签名，日期为 2021 年 12 月 21 日。

某小贷公司提交的另一份落款日期为 2022 年 1 月 5 日的《承诺书》载明内容与上述承诺书一致。落款“承诺人 1”处加盖有某混凝土公司公章，同时有“刘某”签名；下方还有一处“刘某”签名。

某混凝土公司企业类型为有限责任公司（自然人独资），股东为刘某，持股比例 100%。某开发公司有两名股东分别为某安装工程公司（持股 62.5%），王某某（持股 37.5%）。某开发公司和某安装工程公司的法定代表人均为王某某。某装饰公司有两名股东，章某某持股比例 51.8698%，另一股东持股比例 48.1302%。

【案件焦点】

1. 同一份继续承担保证承诺书上，若法定代表人仅在公司盖章处签字，未以个人身份签字，法定代表人个人是否承担保证责任；2. 若法定代表人仅代表公司作出担保意思表示，能否推定其以股东身份同意公司对外进行担保，进而判断公司股东同意担保的比例符合法律规定的三分之二，判令公司承担全部担保责任。

【法院裁判要旨】

江苏省镇江市京口区人民法院经审理认为：案涉合同及承诺书系当事人的真实意思表示，不违反法律、行政法规效力性强制规定，合法、有效，合同各方均应按照约定全面履行各自的义务。某建设公司未按借款合同约定履行还款义务，已构成违约。某小贷公司主张借款期限内的利息及复利，分别按月利率 8.7‰计算，两者之和未超过相关规定，予以支持；某小贷公司主张借款期限届满后的罚息及复利，分别按月利率 13.05‰，两者之和超出了年利率 24% 的标准，对于超出部分，不予支持。某小贷公司主张某建设公司承担保全保险服务费于法无据，不予支持。

江苏省镇江市京口区人民法院判决：

一、某建设公司于判决发生法律效力之日起七日内归还某小贷公司 300 万元并支付利息、罚息及复利；

二、某混凝土公司、某开发公司、王某某、章某某、刘某对某建设公司上述第一项给付义务承担连带清偿责任；

三、某装饰公司对某建设公司上述第一项判决确定的债务不能清偿部分承担二分之一的赔偿责任；

四、驳回某小贷公司其他诉讼请求。

宣判后，某开发公司、王某某不服提起上诉。

江苏省镇江市中级人民法院经审理认为：案涉《承诺书》内容不违反法律、行政法规效力性强制规定，合法有效。《承诺书》明确载明“承诺人作为上述贷款的保证担保人，同意继续承担连带保证担保责任”，案涉借款的保证人在保证期间届满后，自愿在《承诺书》上签字盖章，系承诺人向债权人某小贷公司作出新的保证。

关于王某某在《承诺书》上签字行为的认定，应当符合当事人的真实意思。从案涉两张《承诺书》显示的内容来看，某装饰公司公章处的“章某某”签字和某混凝土公司公章处的“刘某”签字均是代表两公司的法定代表人。王某某系某安装工程公司的法定代表人，其在某安装工程公司公章处签字，应认定其作为该公司法定代表人签字。王某某未在《承诺书》上单独以个人名义签字，一审法院认定王某某应继续承担保证责任，有失妥当。

关于某安装工程公司在《承诺书》盖章并注明“已还贰佰万元正”行为的认定。某安装工程公司持有某开发公司62.5%的股权，在某开发公司出具的《董事会（股东会）决议》上，某安装工程公司亦加盖公章，表明某安装工程公司明知某开发公司为案涉借款提供保证担保。某安装工程公司曾向某小贷公司支付200万元，因某开发公司是承诺书载明三笔借款的保证人，应认定某安装工程公司系代某开发公司履行保证责任。某安装工程公司在《承诺书》上盖章并写明已还款数额，表明某开发公司有继续承担保证责任的意思表示。因王某某未以个人名义作为股东签字，某安装工程公司所持某开发公司股权比例未达三分之二，一审法院以担保合同系由单独或者共同持有公司三分之二以上有表决权的股东签字同意无须股东会决议，判令某开发公司承担全部保证责任，存在不当之处。某小贷公司作为债权人，某开发公司作为担保人对《承诺书》中仅有某安装工程公司盖章导致担保无效，均存在过错。根据法律规定某开发公司应对某建设公司不能向某小贷公司清偿部分借款的二分之一承担赔偿责任。

江苏省镇江市中级人民法院依照《中华人民共和国民事诉讼法》第一百七十七条第一款第二项规定，判决如下：改判某开发公司对某建设公司第一项判决确定的债务不能清偿部分承担二分之一的赔偿责任，王某某不承担保证责任，维持一审法院的其他判项。

【法官后语】

在金融借款合同中，中小微企业作为借款人，通常会被要求提供诸多的保证担保，以确保金融机构或小贷公司债权的实现。企业之间的互相提供保证担保是常见现象，大多数企业的法定代表人亦会被要求以个人名义提供保证。由于经济形势不景气，许多贷款无法按约归还，为了缓解借款人的压力和降低不良贷款率，金融机构允许借款企业多次展期，并要求各保证人继续承担保证责任。在判断保证人是否具有继续担保的真实意思表示时，需要有明确的证据，不能推定其具有担保意思表示。尤其是在法定代表人仅代表所属公司签字时，不能当然推定其亦同意作为个人继续承担保证责任，但其除代表公司法定代表人之外，又以个人身份签字的情形除外。

法定代表人在法律概念上是代表法人进行民事活动的代表人，客观上必须由个人来代表法人作出法律行为，势必会涉及法定代表人履行职务行为与个人行为的区别。司法实践中，一些法人直接以公章对外代表公司作出意思表示，有的则是以法定代表人签字代表公司行为，更多的是以公章加法定代表人签字的方式作出法人的法律行为。当法定代表人所代表的法人与其个人均存在某个意思表示的表象时，如何区分该法定代表人签字行为是职务行为还是个人行为，对法定代表人的个人合法权益会产生重大影响，司法审查需审慎处理。

一、法定代表人履行职务行为的认定

由于法定代表人既是法人的代表人又是自然人的双重身份特征，其从事的民事活动，既可以代表法人意志，也可能是其个人的意思表示。如果法定代表人以法人名义从事民事行为，其法律后果由法人负担。通常情况下，法定代表人对外代表法人从事相关行为需以法人公章或其他授权手续作为表象，如果仅有法定代表人个人行为，没有法人其他文件相互印证，通常应理解为个人行为。司法实践中判断法定代表人的行为性质，往往会遇到法定代表人签字单独出现或与法人公章同时出现的不同情形，此时必须结合具体情况区别认定职务行为或个人行为。

（一）仅有法定代表人签字没有法人公章

1. 个人的意思表示。法定代表人首先是作为自然人而存在，不能因为其还是某法人的代表人，就否定其自然人的属性。作为独立民事主体，法定代表人所作的个人意思表示及行为后果由其个人承担，与法人无涉。比如，法定代表人在借条上签字借款用于家庭生活，与其所在的法人单位没有任何牵连，此时借款人系法定代表人个人。

2. 明示为法人意思表示。法定代表人虽然第一属性是其自然人身份，但是其还兼具法人机关的特定社会身份。倘若法定代表人在从事民事行为中明示其代表人身份或者有证据证明其签字为履职行为，则根据法定代表人的实质内涵范围，因法定代表人与法人是同一人格主体，其法律行为后果由法人承担。比如，法定代表人在借条上签字借款，借条明确载明款项用于法人单位的某项目，相对人基于对其法定代表人身份的信任，有理由相信借款人系法人，此时法定代表人的签字行为的法律后果由法人承担。

3. 名不符实的意思表示。法定代表人签字而没有公章印章情形下，在有证据证明行为系法人而为时也应当由法人承担相应法律后果。比如，虽然借条上没有写明借款用途，法定代表人签字确认，但事实上借款用于法人的具体事务或项目上，法定代表人主张系职务行为符合实际情况时，应当由法人承担还款义务。

（二）既有法人印章又有法定代表人签字

在“章人合一”时，法定代表人系代表法人履行职务行为应当顺理成章，此时不应当直接将法定代表人签字行为扩大至个人亦有该意思表示。如果有证据能够证明法人通常对外意思表示以公章为准，不需要法定代表人再签字确认，而法定代表人签字有惯例证明系代表个人行为，也可以认定个人意思表示，但必须要谨慎，以免突破法定代表人作为个人的意思表示及责任范围。

本案中之所以改判王某某不承担保证责任，也是根据具体案情的审慎判断。因案涉三个公司均为保证人，该三公司的法定代表人亦是保证人，在此前的保证合同中均能证实。在继续保证承诺书中，其中两个公司的法定代表人均两次签字，一次签字系在公章处，另一处签字是单独签字，能够明确区分是代表法人和个人。但是，王某某作为某公司的法定代表人，亦曾是以个人名义担保的保证人，其仅在公章处作为法定代表人签字，并未作为个人再次在承诺书上签字。此时如果不加判断地认为，王某某个人也作出了继续担保的意思表示，显然不符合其真实意思，也有悖其签字的表现形式。如果王某某有继续担保的真实意思表示，其应当像其他两人一样再次单独以个人名义签字，但其并没有签第二个名字，故不应当让王某某承担继续担保的责任。

二、法定代表人越权担保的认定及处理

如前文所述，法定代表人无权代表法人直接作出对外担保的意思表示，需要有法人权力机构的决议作为授权依据。但基于司法实践的复杂性，《全国法院民商事审判工作会议纪要》规定了例外情形，即四种情况下即便债权人知道或者应当知道没有公司机关决议，也应当认定担保合同符合公司的真实意思表示。只要债权人有证据证明法定代表人以公司名义签订担保合同符合公司真实意思，该担保行为就符合民事法律行为有效要件。

（一）法定代表人与个人行为的区别

法定代表人签字可以代表法人，也可以代表个人，能否同时代表法人和其个人？这个问题可能在不同案情下会有不同的答案，需要根据法定代表人代表行为的表现形式判断。如果一个法人通常对外以公章即可代表其意思表示，则法定代表人不需要签字确认，法定代表人即便签字确认也可能是对法人行为的再次确认，也可以是代表其本人作出同样的意思表示。一般情况下，如果法定代表人签字同时加盖公章，法定代表人签字会落在公章处，即签字与公章在同一位置叠加，是履行职务的签字行为。

本案中某开发公司在保证合同落款的保证人处加盖公章，王某某在公章处签字仅是履行法定代表人的职务行为。因为王某某作为个人保证人，在另一份保证合同中单独以个人名义签字，系代表其个人进行担保的意思表示。从上述两份保证合同签订情况来看，王某某在公章同一位置处签字系代表法人，并不代表其个人。

在案涉保证期限届满后，各保证人又在继续保证的承诺书上签字盖章，能够表明各保证人自愿对超过保证期间的同一笔借款继续承担保证责任。此时，两份继续保证的承诺书中的落款签字仍然可以看出，法定代表人在公章处签字，愿意继续保证的法定代表人个人也以第二次签字形式表达其个人意思表示。但此时王某某并没有进行第二次签字，仅在公章处签字，应当认定其并未以个人名义作出继续保证的承诺，债权人无权要求王某某承担继续保证责任。虽然王某某在案涉借款的第一次保证合同中明确作为个人保证人，因首次保证期限早已经过，其个人的保证责任已经消灭。

（二）法定代表人行为与股东行为的区别

厘清了法定代表人和个人行为应区别认定的意义，还应注意到，法定代表人通常还有一个身份——法人的股东。股东可以是自然人也可以法人，一个自然人股东的法律行为只能以个人行为来表示，当一个法定代表人同时是法人的股东时，亦应当区分法定代表人和股东的行为性质。目前，我国的法定代表人一定是自然人，如果这个自然人的行为被认定为法定代表人的职务行为，则其行为通常不能同时代表其个人，亦不能将法定代表人签字认定为股东的意思表示。基于防范风险的考虑，法人是担保人时，如果法定代表人作为自然人也同意担保，应当可以理解法定代表人作为股东也同意公司对外担保。由于法定代表人的特殊身份，其作为公司意思表示机关时，只能代表公司，不能推定其个人和作为股东也具有相同意思表示。但作为法定代表人作为个人所作法律行为，通常可以解释为法定代表人作为股东也具有该意思表示。当然上述原则均是一般性理解，如果个案存在特殊情况，应当具体问题具体分析，最好能够将法定代表人、个人和股东三者的行为加以区分。

公司对外担保需经公司机关决议例外中第四种情形是“担保合同系由单独或者共同持有公司三分之二以上有表决权的股东签字同意”，应当理解为因满足了公司决议的实质要件，有三分之二以上表决权的股东同意对外担保，即代表了公司决议机关的真实意思。此时是否需要公司加盖公章，再由有三分之二以上表决权的各股东签字或盖章呢？笔者认为，加盖公司公章的表现形式是为了确保公司的真实意思表示，既然有三分之二表决权股东的表决结果（签字或盖章），已经足以确认公司作出了对外担保的真实意思表示，是否加盖公司公章已经没有法律意义。

本案当事人关系较为复杂，案涉保证合同中原保证人是某开发公司，某开发公司虽没有盖章但某安装工程公司盖章确认，其盖章行为应认定为作为某开发公司的股东所作承诺。本案王某某具有多重身份，一是某开发公司的法定代表人，二是某开发公司持股37.5%的股东，三是某安装工程公司的法定代表人，某安装工程公司又是某开发公司持股67.5%的股东。王某某在承诺书上的签字只是代表某安装工程公司，不能认定为个人行为，也不能认定其以股东身份作出了继续承诺的意思表示。本案承诺书中某安装工程公司的盖章和王某某的签字，只能认定为某安装工程公司作出了继续保证的意思表示，因某安装工程公司占某开发公司股份的62.5%，未达到三分之二，故某开发公司对案涉借款继续保证的承诺为无效。

（三）担保无效时法人的赔偿责任

当担保合同无效时，并非不产生任何法律后果。根据《最高人民法院关于适用〈中华人民共和国民法典〉有关担保制度的解释》第十七条规定，债权人与担保人均有过错的，担保人承担的赔偿责任不应超过债务人不能清偿部分的二分之一。法定代表人越权担保导致担保合同无效，如果符合上述规定，担保人亦需要承担赔偿责任，此时法定代表人是代表法人所作意思表示，应由法人承担赔偿责任。但有观点认为，法定代表人越权担保类推适用《中华人民共和国民法典》第一百七十一条的无权代理规则，对于法定代表人越权担保的情形，未经公司追认，如果以缔约过失责任为相对人提供救济，则承担赔偿责任的主体应为法定代表人，而非公司。该观点虽有一定法理基础，但并未被司法实践所接受，法定代表人承担赔偿责任的司法案例并不多见。笔者认为法定代表人越权代表对外的责任主体仍是公司，而非法定代表人个人，如果公司认为法定代表人有过错，可以向法定代表人追偿。

本案中，王某某是某开发公司和某安装工程公司的法定代表人，其签字行为系履行职务行为。如果王某某系代表某开发公司签字，因该公司没有正式股东会决议亦不符合无须决议的例外情形，其显然属于越权代表，担保合同无效。因债权人和担保人并非签订首次保证合同，且双方系法人主体应明知公司对外担保的规范要求。但在继续承担保证承诺签订时，债权人未尽到审查义务，担保人利用两个关联公司的关系，未规范作出担保的意思表示，均存在过错，担保人即某开发公司应承担债务人不能清偿部分的二分之一的赔偿责任。

编写人：江苏省镇江市中级人民法院　李珍珠

22

公司作为连带保证人时，其股东出资义务可否加速到期

——谭某某诉刘某甲等民间借贷案

【案件基本信息】

1. 裁判书字号

重庆市第五中级人民法院（2024）渝05民终1532号民事判决书

2. 案由：民间借贷纠纷

3. 当事人

原告（上诉人）：谭某某

被告（上诉人）：刘某丙、刘某乙、徐某某

被告：刘某甲、钟某某、梅某某、某文化公司、某互联网公司、某科技公司、陈某

【基本案情】

2019 年至 2020 年，刘某甲多次向谭某某借款，后双方于 2020 年 12 月 5 日就借款进行结算，形成《欠条》一份，载明：刘某甲共计欠谭某某人民币 9750000 元，从 2019 年 1 月 15 日起按欠款金额的年化利率 36%计算利息，截至 2020 年 5 月 20 日利息已支付，2020 年 5 月 20 日后未再支付任何利息，还款期限为 2020 年 12 月 31 日前。某互联网公司等确认为前述债务承担连带责任保证担保。

某互联网公司的股东为钟某某，认缴出资 80 万元，持股 80%，陈某认缴出资 20 万元，持股 20%，认缴出资时间均为 2038 年 12 月 31 日，钟某某为法定代表人。该公司被重庆市渝北区人民法院列为失信被执行人，有终本案件 3 件，未履行标的 41697 元。

因刘某甲未按约偿还借款，谭某某诉至法院，请求判决：1. 刘某甲偿还借款本金 9750000 元及利息；2. 某互联网公司对刘某甲的上述全部债务承担连带保证责任；3. 钟某某、陈某对某互联网公司的债务，在其未出资的范围内承担补充赔偿责任。

【案件焦点】

公司作为连带保证人不能清偿债务时，其股东认缴出资未到期的情况应否加速到期。

【法院裁判要旨】

重庆市南岸区人民法院经审理认为：谭某某举示了相应银行交易流水，与其 2020 年 12 月 5 日与刘某甲对账签署《欠条》载明金额可以印证，足以证实原、被告之间的借贷真实发生，借款合同合法有效，刘某甲应当承担偿还借款本息的责任。

钟某某为某互联网公司的法定代表人，持有该公司股权 80%，其在欠条上

担保人处签章，无须再由公司决议机构进行决议，某互联网公司依法应对刘某甲的债务承担连带清偿责任。某互联网公司均在重庆市渝北区人民法院被列为失信被执行人，且存在终本执行案件，应当认定其缺乏清偿能力，具备了破产原因。为保护债权人利益，未届出资期限的股东在未出资范围内对公司不能清偿的债务承担补充赔偿责任。为此，钟某某、陈某作为被告某互联网公司的股东，应当在其未出资范围内对该公司在本案中的债务承担补充赔偿责任。

重庆市南岸区人民法院依照《中华人民共和国公司法》第十六条，《最高人民法院关于适用〈中华人民共和国公司法〉若干问题的规定（三）》第十三条之规定，判决如下：

一、被告刘某甲于本判决生效之日起十日内偿还原告谭某某剩余全部借款本金 9750000 元及支付借款利息；

二、被告某互联网公司等对被告刘某甲的上述全部债务承担连带清偿责任；

三、被告钟某某、陈某作为被告某互联网公司的股东，在其未出资范围内对被告某互联网公司在本案中的债务承担补充赔偿责任；

四、驳回原告谭某某的其他诉讼请求。

一审宣判后，双方均提起上诉。后重庆市第五中级人民法院作出（2024）渝 05 民终 1532 号民事判决：

驳回上诉，维持原判。

【法官后语】

2023 年修订的《中华人民共和国公司法》，首次在法律层面确定了注册资本认缴制，股东据此享有期限利益，债权人不能以公司不能清偿到期债务为由，请求未届出资期限的股东在未出资范围内对公司不能清偿的债务承担补充赔偿责任。此后，《全国法院民商事审判工作会议纪要》（以下简称《九民纪要》）在坚持该出资基本原则的同时，规定了两种除外情形，其中之一就是在公司作为被执行人的案件中，如人民法院已穷尽执行措施仍无财产可供执行，已经具备破产原因，但不申请破产的，股东不再享有出资期限利益，不能再以出资期限未届拒绝履行其在公司成立之初就许诺认缴的出资金额。结合上述司法规范性文件的表述可知，该条适用的要件事实之一就是公司处于债务人的地位，且已成为被执行人。此处的“债务人”是否仅限于与债权人对应的债务人，保证人等能否也可作为广义上的“债务人”纳入其中，并适用上述规定。换言之，在连带保证人被穷尽执行措施后无财产可供执行，但尚未穷尽主债务人财产执行措施的情况下，债权人能否主张已被穷尽执行措施的连带保证人的股东出资加速到期，司法实践中争议较大。

一、司法裁判的观点分歧

通过梳理现已公布的部分裁判文书、典型案件等，司法裁判的主要观点分为两种：一种意见认为，债权人不能直接向连带保证人的股东主张出资加速到期。首先，保证债务为或有债务、从债务，主债务人才是债务的最终承担者，对主债务人强制执行后，债权尚有可能被清偿，保证债务并不必然存在，因此不能直接要求保证人的股东出资加速到期。其次，股东出资加速到期是一种补充赔偿责任。补充责任的定位表明债务的承担存在顺序，公司处于第一顺位，未出资股东处于第二顺位。在公司为他人提供连带保证的情况下，公司与主债务人应同为债务的第一顺位责任人，公司股东的未缴出资应处于第二顺位。债权人只有在第一顺位的债务人不能清偿其债务时，才能就不能清偿的部分向未出资股东主张赔偿。最后，保证人承担保证责任后，还可以向债务人追偿，但股东出资期限利益的损害是不可逆的。当主债务人的清偿情况仍不明朗时，仅因不确定的清偿状态而牺牲股东出资的期限利益，会导致法益保护的比例失衡。另一种意见认为，债权人可以主张连带保证人的股东出资加速到期。根据《九民纪要》第六条规定，股东出资加速到期的关键是公司是否已经实质性满足破产条件，只要公司作为被执行人，已具备破产原因而未申请破产，债权人即有权要求股东出资加速到期。在既有主债务人又有保证债务人的情况下，债权人有权自行选择实现债权的方式和路径，主债务人与连带保证人之间的追偿权系其内部之间的清算关系，不影响债权人向连带保证人求偿。因此，在已对连带保证人穷尽执行措施而仍未获偿的情况下，该保证人实质上已具备破产原因，故债权人可以主张该保证人的股东出资加速到期。

二、连带保证人股东出资加速到期的理论支撑

（一）连带责任保证人与债务人并无担责先后顺序、比例限制

连带责任是指依照法律规定或者当事人的约定，由两名及其以上的责任人对权利人承担全部民事责任的责任类型。承担责任的每一个主体均负有向权利人清偿全部债务的义务，并无先后顺序，也无大小、比例限制。连带责任保证作为连带责任的一种类型，则是保证人通过保证人合同、承诺书等意思表示的载体，展现出与债务人对债权人一并清偿债务的保证类型。此情形下，一旦债务人在合同约定或法律规定的期限内未履行完毕合同义务，则债权人既可要求债务人向其清偿债务，也可要求保证人清偿债务，还可同时向债务人、保证人同时主张权利，债权人享有自主选择责任主体的权利。此时，连带责任保证人的地位更类似于债务人，只是身份标识与债务人不同而已，其无权对抗债权人享有的担责主体的选择权。反观一般保证或者其他承担补充或填补责任的主体，与狭义层面的债务人并非平行站位于债权人面前，而是劣后于债务人的身位之后，只有在债务人经过强制执行后仍无法完全清偿债务时，方可触发其承担责任的绳索，启动剩余未清偿债务的偿还程序。

（二）股东通过出资代偿的法律效果归属于公司

根据《中华人民共和国公司法》第十五条的规定，有限责任公司对外为其他主体提供担保之时，如系非关联担保，需经股东会或董事会决议。此时参加股东会或董事会的成员多为股东本人或其间接指派选任的董事，作出担保的决议也是股东或董事经过深思熟虑的结果。无论是股东会决议，还是董事会决议，均直接或间接代表了股东的意志。作为公司经营资产重要来源的股东出资情况，股东及董事更是心知肚明。因此，在公司作出对外担保的决议之时，股东或董事应当预见到将来所要面临承担责任的风险，尤其是在公司资产状况恶化难以为继、出现了资不抵债的破产情形时，这些风险都属于股东能够预判的范围之内。如果再对股东的出资期限利益进行无遮拦、无底线的保护，将会严重危及债权人的债权利益。退一步讲，如果股东会或董事会作出连带担保决议之时，股东未出资，无法启动其出资加速到期机制，则会出现股东在公司没有资产时或之后流失了资

产时，其可借“有限责任”之名躲在公司背后依然逍遥自在，这将会导致公司担保功能的严重弱化甚至虚化。另需指出的是，股东在其出资限额范围内向债权人清偿债务之时，其名下的资产实际已转化为公司的资产，完成了本应承担的出资义务，只是无须再将拟出资的资产转入公司账户内或登记在公司名下，再由公司向债权人清偿的既定程序，而是采取了由股东直接向公司的债权人清偿的方式，避免了中间无谓、烦琐的交割环节。通过此种模式，债权人与保证人、保证人与其股东之间的债权债务关系合并进行了处理。因此，股东清偿的债权额度就是公司作为保证人清偿的额度，清偿后的法律效果实际归属于公司，公司可基于此再向债权人追偿。

三、新公司法关于股东出资期限利益的指引导向

虽然股东期限利益在一定程度上优化了投资经营环境、激发了市场活力，但与此相伴生的却可能是公司注册资本的空心化，这在一定程度上动摇了公司资本充实原则，削弱了商事交易的安全性。结合公司法历年来修订或修正的脉络、精神可知，从2013年初次规定无任何限制的股东出资利益，到《九民会议纪要》增加了两种非破产情况下可加速到期的情形，再到新公司法，立法层面对股东出资期限利益的保护力度有逐渐降低之势，一开始仅限于公司处于破产状态方可破除，而现在只需公司不能清偿到期债务时就应加速出资到期。由此可知，当公司外部的债权人权益处在清偿不能的危境中时，股东的出资期限利益被动压缩回退，让位于债权人的权益保障。为此，司法裁决之时，应当结合新公司法的规定，明确股东期限利益的保护边界，把控好与债权人利益碰撞之时的取舍方向，才能不断地为经济环境提供市场化、法治化的规则指引，正确精准地发挥司法的价值引领作用。

编写人：重庆市南岸区人民法院　林颖　李明刚

23

主合同无效导致保证合同无效时保证人过错的认定及责任承担

——丁某诉郑某甲等民间借贷案

【案件基本信息】

1. 裁判书字号

浙江省宁波市北仑区人民法院（2023）浙0206民初1541号民事判决书

2. 案由：民间借贷纠纷

3. 当事人

原告：丁某

被告：郑某甲、郑某乙、景某某

第三人：沈某某、钟某某

【基本案情】

2021年4月，被告郑某甲经人介绍向第三人沈某某借款200万元，沈某某要求必须提供担保。后其中50万元以郑某甲一套房子签订协议提供担保，150万元由郑某甲联系保证人郑某乙、景某某提供担保。涉案《担保借款合同》系沈某某提供的格式合同，郑某乙、景某某在合同首页保证人处签字按印并填写了身份信息，并在合同最后一页担保方处签字按印。郑某甲在合同首页借款人处及最后一页收条的收款人、乙方处签字按印。之后由丁某实际出资并在合同首页的出借人处和最后一页的甲方处签字按印。合同借款金额处填写了150万元，合同对借款利率、还款方式、归还期限等没有明确约定。2021年4月23日，丁某向郑某甲转账150万元，同日钟某某向郑某甲转账50万元。上述期间，丁某与沈某某、钟某某一起做短期资金周转生意。

2021年5月7日，沈某某向钟某某转账30万元用以归还钟某某出借给郑某甲的款项，同年6月，郑某甲按照沈某某的指示向钟某某转账24万元。2021年5月至7月，郑某甲四次向沈某某转账共计24万元。同年8月，案外人向沈某某转账12万元，沈某某认可该款系涉案200万元借款的还款。综上，郑某甲还款金额共计60万元。后丁某诉请郑某甲归还借款本金150万元并支付相应利息、支付律师费12.5万元，并由郑某乙、景某某承担连带责任。本案审理期间，沈某某将郑某甲转给其的6万元缴纳至法院，钟某某将郑某甲转给其的4万元（扣除本金50万元）缴纳至法院，均表示愿将该款抵作郑某甲偿还丁某的款项。

根据丁某的银行账户2021年4月21日贷款结息扣收利息情况显示，其间丁某尚有200余万元的银行贷款未偿还，其银行账户流水明细中显示与沈某某、钟某某等人之间的资金往来金额大、频率高。案涉款项150万元绝大部分来源于王某某和叶某某，该二人与丁某之间资金往来频繁（叶某某系丁某配偶）。

【案件焦点】

保证人郑某乙、景某某是否存在过错及责任的承担。

【法院裁判要旨】

浙江省宁波市北仑区人民法院经审理认为：保证合同是主债权债务合同的从合同。主债权债务合同无效的，保证合同无效。保证合同被确认无效后，债务人、保证人、债权人有过错的，应当根据其过错各自承担相应的民事责任。主合同无效导致第三人提供的保证合同无效，保证人无过错的，不承担赔偿责任；保证人有过错的，其承担的赔偿责任不应超过债务人不能清偿部分的三分之一。本案中，保证人郑某乙、景某某分别为郑某甲的母亲和朋友，其在明知郑某甲负债累累的情况下，轻易在出借人及借款金额均为空白的借款合同上签字担保，对主合同未尽审查义务，其行为对涉案借款合同的成立起到了促成作用，具有过错，但其过错相对出借人和借款人较小，故法院酌情判定保证人郑某乙、景某某承担郑某甲不能清偿部分债务四分之一的赔偿责任，其向原告承担赔偿责任后，可以向郑某甲追偿。

浙江省宁波市北仑区人民法院判决如下：

一、被告郑某甲应于本判决发生法律效力之日起七日内返还原告丁某借款本金 150 万元，并支付该款自 2021 年 11 月 4 日起至实际清偿之日止按照全国银行间同业拆借中心公布的同期贷款市场报价利率计算的利息损失；

二、被告郑某乙、景某某对被告郑某甲不能清偿部分债务承担四分之一的赔偿责任，郑某乙、景某某在承担赔偿责任后，有权向郑某甲追偿；

三、驳回原告丁某的其他诉讼请求。

原、被告均未上诉，案件已生效。

【法官后语】

保证合同是所涉主债权债务合同的从合同，具有从属性，当主债权债务合同无效时，作为从合同的保证合同亦属无效，但并不必然导致保证人无须承担责任。《最高人民法院关于适用〈中华人民共和国民法典〉有关担保制度的解释》第十七条规定，主合同无效导致第三人提供的保证合同无效的，应当区分两种情形确定保证人的赔偿责任，一种是保证人并无过错，此种情形下保证人无须承担赔偿责任；另一种是保证人具有过错，此时保证人需要承担赔偿责任，但所承担的赔偿责任不应超过债务人不能清偿部分的三分之一。本案即涉及其中保证合同随主债权债务合同被认定无效后，保证人责任应如何承担的法律适用问题，如何在审判中准确把握保证人过错的认定及责任的承担相关认定标准，是本案中值得研究探讨的重点问题。

一、主合同无效时保证人过错的责任定性

主合同无效导致保证合同无效时，保证人过错责任的性质历来存有争议。一种意见认为，保证人违反对无效事由的注意义务，侵犯了债权人的债权，属于侵权责任范畴；另一种意见则认为，保证人的过错属于缔约过失责任，这种缔约过失责任不是主合同的缔约过失责任，而是保证合同无效的缔约过失，是主合同无效的过错向保证人的延伸。因为保证合同的目的与作用在于保障债权的安全与实现，其本身并不增加交易价值，只是增加交易安全。而且在主合同无效的情况下，债务人对债权人所应当承担的民事责任也是缔约过失责任的范畴，债务人有过错时，对债权人所应当承担的赔偿责任也是信赖利益损失，而不是履行利益的损失，所以保证合同因主合同无效而无效且保证人有过错时，其所应当承担的赔偿责任的计算基础应是主债务人应当向债权人承担的民事责任，包括返还财产以及赔偿信赖利益损失的民事责任，保证人只有在存在过错的前提下才需承担该责任。实践中，第二种意见成为主流，即过错保证人的行为实际促使了无效的主合同的存在，侵害了主合同中债权人的信赖利益，对保证合同的无效有过错，与缔约过失责任具有同质性。

二、主合同无效时保证人过错的认定

保证人过错责任既为缔约过失责任，则参照《中华人民共和国民法典》第五百条缔约过失责任的规定及《最高人民法院关于适用〈中华人民共和国民法典〉有关担保制度的解释》第十七条第二款的规定，对保证人过错责任的判断，应当结合保证人在主合同订立时的作用、保证人主观认识与客观行为的关联等方面加以综合认定。

（一）保证人在主合同订立时的作用

1. 明知或应知主合同无效仍然提供担保

保证人的过错不是指保证人在主合同无效上的过错，而主要体现在明知或应当知道主合同无效仍然提供担保。实务中对于主合同无效事由的审查至关重要，如在主合同订立之时或主合同订立之后，借款发放之前，保证人参与主合同订立或充任中间人促成主合同签订时，应认定保证人明知主合同无效；如保证人在主合同订立过程中故意隐瞒与订立合同有关的重要事实，提供虚假信息或有其他违背诚实信用原则的行为，也应当认定为明知主合同无效；如保证人未直接参与主合同的订立，当主合同因违反法律、行政法规的强制性规定或违背公序良俗原则而无效时，应结合保证人的经验、职业、专业知识等综合判断其对主合同无效是否明知。

2. 保证人未尽审查义务

保证人在订立合同时是否对主合同已尽必要的审查义务也是需要考量的因素之一。具体而言，在无法证明保证人直接参与主合同的订立或充当居间人员等情况下，要从保证合同订立时保证人是否履行注意义务对主合同效力审慎审查，如保证合同订立的时间是否早于主合同的订立，保证合同的内容是否脱离于主合同，进而判断保证人在其中有无过错。

3. 保证人促成无效主合同签订

保证合同是典型的风险合同，多数情况下债权人是基于保证人的担保才愿意与债务人缔结合同，一旦债权人知晓主合同效力存在瑕疵，则通常不会缔约或者要求债务人及时补救。然而，为了促成主合同成立，保证人还可能积极以提供担保为由促成缔约，进而使债权人蒙受损失。因此，保证人的过错还体现在通过提供担保诱使无效的主合同成立，该种情况下保证人的过错较前者更大。

（二）保证人主观认识与客观行为的关联

主合同无效后果的产生有多种原因，评价保证人在主合同订立中的过错，除要考察保证人提供担保的动机和目的外，还要考察保证人与债权人、债务人之间的利益关联。如果保证人对于其所担保的交易享有商业利益时，保证人应具有更高的审查义务，如果保证人仅出于情谊而为亲友无偿提供担保的，则其审查义务相对较低。如果保证人对提供担保的行为缺乏明晰的主观认识，则难以判定其是否具有主观过错，若保证人与债务人之间频繁“搭档”配合缔约的，则其主观认识与客观行为之间的利益关联则十分明显。如本案中，法院认为保证人郑某乙、景某某存在过错，主要原因在于：首先，被告郑某甲系郑某乙儿子，其与景某某又系朋友关系，郑某乙、景某某对当时郑某甲有较多外债、经济状况较差明知，其自甘承担较大的担保风险；其次，郑某乙、景某某先后在出借人及借款金额均为空白的借款合同上签字担保，对于主合同是否有效持放任态度，未尽审查义务；最后，郑某甲向他人借款时，债权人明确要求必须提供两名以上的保证人才愿意出借，在此情况下郑某甲联系郑某乙及景某某提供担保，最终促成借贷合同的签订及款项出借，在此情况下，实际是保证人的行为促成了主合同成立，进而衍生了主合同无效的法律后果。

三、过错保证人的责任承担范围

《最高人民法院关于适用〈中华人民共和国民法典〉有关担保制度的解释》

第十七条第二款的规定是基于，保证合同无效是因为主合同无效导致，在保证人存在过错的情况下，主合同当事人原则上也有过错，均有对主合同效力进行审慎审查之义务，对于债权人的损失，应当以债权人、债务人、保证人三方均分承担为标准，因此保证人对于债权人的损失赔偿责任应限定在债务人不能清偿部分的三分之一以内。在具体适用中，保证人有过错的，保证人承担民事责任的部分不应超过债务人不能清偿部分的三分之一，此即确认了该情况下保证人责任承担的上限。至于在个案中，还应结合保证人的过错程度具体进行酌定。就本案而言，郑某乙、景某某对主合同未尽审查义务，主观上放任了主合同的签订，客观上对主合同的成立也起到了促成作用，具有过错，但其过错相较出借人和借款人较小，故酌情判定其二人承担郑某甲不能清偿部分债务四分之一的赔偿责任，其向原告承担赔偿责任后，可以向郑某甲追偿。

此外，需要说明的是，过错保证人的责任承担在三分之一以下进行酌定是法官自由裁量的体现，实务操作中应当结合保证合同成立的过错，合同的金额，保证人的人数、保证人的过错程度等进行综合认定，以实现各方利益的平衡。

编写人：浙江省宁波市北仑区人民法院　刘叶思

24

行政机关在执法办案过程中组织形成的鉴定结论，在民事诉讼案件中的司法认定

——甲建设公司诉乙设备公司分期付款买卖合同案

【案件基本信息】

1. 裁判书字号

山东省济宁市中级人民法院（2023）鲁 08 民终 3304 号民事判决书

2. 案由：分期付款买卖合同纠纷

3. 当事人

原告（被上诉人）：甲建设公司

被告（上诉人）：乙设备公司

【基本案情】

2020年6月，甲建设公司（需方、甲方）与乙设备公司（供方、乙方）签订《低压母线采购合同》，约定：甲方向乙方采购物资，工程地点：某医院工地；合同暂定金额4904861元。合同还对《采购清单》、质量标准和技术要求、数量和质量验收、双方责任与义务、违约责任等予以约定。合同签订后，双方相互履行了交货和付款义务。甲建设公司累计向乙设备公司支付货款4651143.97元。

涉案产品投入使用后，于2021年1月后设备出现击穿、短路等事故。于7月11日多次出现强电间插接箱打火现象，造成插接箱烧坏，造成长时间停电。因产品质量问题，双方当事人经协商，同意共同对涉案产品进行试验检验。乙设备公司于2021年8月12日出具《产品委托说明》，并派遣公司质量管理部部长作为其现场联络员，负责处理相关对接事宜。随后，双方工作人员及监理单位对涉案产品进行取样，并用封条进行了封存。监理徐某在见证人员处签字确认并加盖监理部印鉴。2021年8月17日，甲建设公司同意案涉建设单位济宁某医院项目管理有限公司（以下简称医院项目公司）委托某省产品质量检验研究院（以下简称某省质检院）对取样母线槽的产品质量进行检验，检验结果：电气间隙和爬电距离、短路耐受强度不合格，其他项目合格。

2021年9月16日，医院项目公司向某设计研究院有限公司发出《关于某医院一期建设工程项目母线更改的通知》，主要内容为：……经公司研究决定，将目前使用的母线和插接箱全部更换，请贵院根据项目实际情况出具母线更改变更单。甲建设公司向乙设备公司发出《告知函》，载明：因涉案产品出现质量问题，需要拆除，要求被告派技术人员到现场。乙设备公司出具《回复函》，认为公司提供的产品为合格产品，不认可检验结论，不认可产品质量问题，拆卸行为系单方行为，不干涉也不承担责任。2021 年 12 月 10 日，某公证处对甲建设公司拆卸涉案产品进行了现场拍照、摄像，并作出《公证书》。2021 年 5 月 10 日，甲建设公司与某工程公司签订《某医院一期建设项目部分智能化管材、高低压变配电桥架的施工合同补充协议 2》主要涉及密集母排的运维工程。

2021 年 11 月 8 日，甲建设公司向济宁某省级旅游度假区市场监督管理局（以下简称某市场管理局）递交《举报信》，举报乙设备公司生产销售的母线槽等设备不合格。某市场管理局于 2021 年 11 月 25 日立案，并委托某市产品质量检验研究院（以下简称某市质检院）对案涉母线槽（规格型号：NHMC-1250A/5P、SCC-E-1600A/5P）的布线、操作性能和功能、成套设备的防护等级、短路耐受强度等进行检验。某市质检院于 2022 年 11 月 7 日签发《检验报告》，检验结果为：成套设备的防护等级不合格，短路耐受强度不合格。

【案件焦点】

1. 讼争的产品母线槽是否存在质量问题；2. 双方当事人签订的《低压母线采购合同》是否应予解除；3. 乙设备公司是否应当赔偿甲建设公司损失，数额如何认定。

【法院裁判要旨】

山东省济宁市高新区人民法院经审理认为：原告购买被告的母线槽等产品，在产品投入使用后，出现设备击穿、短路等事故，并出现强电间插接箱打火现象，插接箱被烧坏，造成使用单位长时间停电。后，双方及监理单位共同对涉案产品取样封存，甲建设公司授权建设方委托某省质检院对涉案产品进行检验，检验结果为：电气间隙和爬电距离、短路耐受强度不合格。后，甲建设公司向某市场管理局递交《举报信》。某市场管理局立案后，依法委托某市质检院对涉案母线槽产品质量进行检验，检验结果为：成套设备的防护等级不合格，短路耐受强度不合格。上述检验报告能够证实，被告制造、销售的上述母线槽产品存在质量问题。因被告的产品存在质量问题，继续使用该产品已不能使原告实现合同目的，原告要求解除双方所签订的《低压母线采购合同》，应予支持。

因被告销售的产品存在质量问题，给原告造成损失，原告有权要求被告赔偿。赔偿的项目主要包括两部分：一是因双方的合同已经解除，故被告应向原告退还货款 4651143.97 元。二是为保障市立医院安全运行，原告与某工程公司签订运维协议，对案涉工程的配电室及所有密集母排线路进行运维、抢修，产生运维人工费用、抢修费、代购材料费用共计 2519487.59 元，后期对案涉母线进行了拆除更换，产生费用 1904909.7 元，加之母线检测、鉴定费、公证费，原告的实际损失共计 9153044.26 元。

山东省济宁市高新区人民法院依照《中华人民共和国民法典》的规定，判决如下：

一、解除原告甲建设公司与被告乙设备公司签订的《低压母线采购合同》；

二、被告乙设备公司向原告甲建设公司退还货款 4651143.97 元，并赔偿损失 4501900.29 元；

三、原告甲建设公司向被告乙设备公司退还所采购的母线槽等产品。以上二、三项，限被告乙设备公司、甲建设公司于本判决生效之日起 15 日内履行。

乙设备公司不服一审判决，提起上诉。

山东省济宁市中级人民法院经审理认为：一审判决认定事实清楚，处理结果并无不当。

山东省济宁市中级人民法院依照《中华人民共和国民事诉讼法》第一百七十七条第一款第一项规定，判决如下：

驳回上诉，维持原判。

【法官后语】

在买卖合同案件中，出卖人交付的标的物的质量直接影响买受人能否实现其订立合同的目的。《中华人民共和国民法典》第六百一十五条规定，出卖人应当按照约定的质量技术要求交付标的物，出卖人提供有关标的物质量说明的，交付标的物应当符合该说明的质量要求。这是买卖合同出卖人应当担负的主要义务。本案双方买卖的是母线槽，对于母线槽的标准在合同中有明确的约定，应当符合相应的国家标准。随着科学技术的极速发展、社会化大生产大分工的不断衍生，社会生活中出现的难以为公众所掌握的专门性问题越来越多，这些专门性问题有赖于极高的专业素养才能形成较为全面、正确的认知。审判实践中，对于特定物品质量是否符合合同约定，一般通过司法鉴定的方式来认定。本案的特别之处在于在双方对货物质量发生争议后，甲建设公司向相关的市场监管部门举报乙设备公司的产品存在质量问题，市场监管部门立案后，对涉案的产品质量组织了鉴定，该鉴定结论的效力如何认定，具体从以下几个方面进行考量。

一、行政机关在执法办案过程中组织鉴定，形成的鉴定结论属于哪种证据

司法鉴定是指“在诉讼过程中，对于案件中的某些专门性问题，按诉讼法的规定，经当事人的申请，司法机关决定，或司法机关依职权主动决定启动，指派、聘请具有专门知识的鉴定人，运用科学技术手段，对专门性问题作出判断结论的一种核实证据的活动”。简单地说，司法鉴定就是侦查、起诉、审判等诉讼活动中依法进行的鉴定。司法鉴定出具的鉴定意见作为三大诉讼中的法定证据种类之一，其本身具有科学可靠性，被理论界推崇为科学的“证据之王”，其对解决案件中的专门性问题、辅助法官办案上具有不可替代的作用。

我国三大诉讼法上所称的鉴定，指的是司法鉴定，所称的鉴定意见，也是特指由人民法院对外委托启动鉴定得出的意见，而对于当事人个人委托或者行政机关在执法办案过程中组织鉴定形成的鉴定意见没有纳入其中。行政机关在执法办案过程中组织鉴定形成的鉴定意见，在《中华人民共和国刑事诉讼法》第五十四条中有明确规定，人民法院、人民检察院和公安机关有权向有关单位和个人收集、调取证据。有关单位和个人应当如实提供证据。行政机关在行政执法和查办案件过程中收集的物证、书证、视听资料、电子数据等证据材料，在刑事诉讼中可以作为证据使用。但在民事诉讼法中没有类似规定，但新修改的《最高人民法院关于民事诉讼证据的若干规定》第四十一条规定：“对于一

方当事人就专门性问题自行委托有关机构或者人员出具的意见，另一方当事人有证据或理由足以反驳并申请鉴定的，人民法院应予准许。”从条文规定可以体会出，当事人有自行委托专业机构出具专业意见的权利，对当事人自行委托所谓“鉴定”形成的意见，允许对方反驳，当反驳的证据和理由充分时，另一方当事人还可以申请鉴定。

行政主管部门依照法律、行政法规和规章授权，对相关的专门性问题进行认定过程中所作的鉴定，虽然并非民事诉讼法八种法定证据类型的鉴定意见，也未按照民事诉讼法定程序进行鉴定人选任、鉴定材料质证与认证等，但由于其行政处理的法定性和行政程序的严谨性，对于相关意见或结论因系有关单位依照管理职权所作出，可以作为书证对待。

二、综合合同标的、合同履行情况，严格审查行政机关执法过程中形成鉴定意见的效力

1. 合同标的物的质量审查。买卖合同标的物的质量一般分为外观质量和内在质量。有的标的物能够直接从外观、品种、型号、规格上识别，是否存在质量问题或质量瑕疵。有的标的物只能从内在质量上衡量是否符合合同约定或法律规定的标准。标的物的内在质量，一般需要买受人在通过检验或使用过程中才能发现。本案的标的物是母线槽，外观上无法识别质量是否符合约定，但在使用过程中，涉案的母线槽在医院运行后，多次出现打火、出现设备击穿、短路等事故，并出现强电间插接箱打火现象，造成插接箱烧坏，以致使用单位长时间停电。

2. 合同履行情况。合同签订是商业交易和社会合作的基础，是维护各方合法权益的基本手段。通过在合同中明确双方的权利义务，规范交易行为，防范纠纷风险，促进合作共赢。“合同目的是否能实现”是判定法定解除是否需要解除的实质标准。本案中双方签订《低压母线采购合同》，约定甲建设公司向乙设备公司采购一批母线槽，用于案涉的某医院一期建设工程项目上-地下水电系统项目，用于保障医院正常的用电安全。但在设备安装完成，医院运行后，接连出现被击穿、短路等事故，造成使用单位长时间停电，给医院运营带来重

大影响。甲建设公司将相关事故通知乙设备公司，双方协商过程中，乙设备公司于2021年8月12日出具《产品委托说明》，派遣其公司质量管理部部长陈某作为现场联络员，负责处理相关对接事宜。随后，双方工作人员及监理单位对涉案产品进行取样，取样后，用封条进行了封存。

甲建设公司单方将封存样品委托某省质检院对取样母线槽的产品质量进行检验。某省质检院于2021年9月18日出具《检验报告》，检验结果：电气间隙和爬电距离、短路耐受强度不合格，其他项目合格。

2021年11月8日，甲建设公司向某市场管理局递交《举报信》，举报乙设备公司生产销售的母线槽等设备不合格。某市场管理局于2021年11月25日立案。并委托某市质检院对案涉母线槽（规格型号：NHMC-1250A/5P）的布线、操作性能和功能、成套设备的防护等级、短路耐受强度等进行检验。某市质检院于2022年11月7日签发《检验报告》，检验结果为：成套设备的防护等级不合格，短路耐受强度不合格。委托某市质检院对母线槽（规格型号：SCC-E-1600A/5P）的布线、操作性能和功能、成套设备的防护等级、短路耐受强度等进行检验。某市质检院于2022年11月7日签发《检验报告》，检验结果为：成套设备的防护等级不合格，短路耐受强度不合格。

3. 行政主管部门的鉴定程序是否合法。参照司法鉴定所作鉴定意见的程序要求，审查出具鉴定意见的鉴定机构是否具有相应的资格、资质；对鉴定意见所依据的证据材料是否真实可靠。对于鉴定的样品是否属于涉案的产品，是否通知当事人到达现场监督取样。

4. 鉴定意见与案件的其他证据有无矛盾。如果行政主管部门委托的鉴定意见与案件中的其他证据基本一致，并无矛盾之处，则其真实性亦在相当程度上得到了保障。本案中，行政主管部门组织形成的鉴定意见与甲建设公司单方委托的鉴定意见结论一致，与本案中出现短路、打火导致用电事故的客观事实一致。

综合上述因素的考量，一、二审判决均认定了行政主管部门组织鉴定形成的鉴定意见的证据效力，对于乙设备公司要求重新鉴定的申请不予准许，并认定涉案的产品存在质量问题，导致合同目的不能实现，解除了双方签订的《低压母线采购合同》，并由乙设备公司对甲建设公司的损失进行了赔偿。本案通过对案件整体证据进行全面、客观、综合分析之后，确定了行政主管部门组织鉴定形成鉴定意见的效力，避免了再次启动司法鉴定程序，减少了当事人不必要的诉讼成本，保障了当事人的诉讼权利。

编写人：山东省济宁市中级人民法院　潘玉清

25

保证合同的保证期间与诉讼时效

——某银行支行诉某公司保证合同案

【案件基本信息】

1. 裁判书字号

北京市密云区人民法院（2023）京 0118 民初 490 号民事判决书

2. 案由：保证合同纠纷

3. 当事人

原告：某银行支行

被告：某公司

【基本案情】

2017 年 12 月 14 日，某银行支行与借款人卢某签订《个人额度借款合同》，卢某于 2020 年 1 月 9 日向某银行支行申请金额 1650000 元借款，额度存续期最长六年，某公司以《企业保证函》提供连带责任保证担保。其《个人额度借款合同》依法办理了具有强制执行效力的公证，《企业保证函》未办理具有强制执行效力的公证。之后某银行支行依约发放了贷款，但卢某未能按照约定按时足额偿还，某银行支行向北京市某公证处申请签发《执行证书》，北京市某公证处审核后签发了编号为（2021）京某执字第×××号的《执行证书》。某银行支行于2021年8月向法院申请执行该执行证书未获清偿，故提起诉讼，请求判决某公司承担保证责任。

【案件焦点】

1. 保证合同是否有效以及法律适用问题；2. 保证合同保证期间的约定对合同履行的影响。

【法院裁判要旨】

北京市密云区人民法院经审理认为：该保证合同于民法典施行前成立，而保证期间约定至主债务履行期限届满之日后两年（2023年1月9日）止，保证合同履行持续至民法典施行后。案涉主债务的违约行为虽在民法典施行前，但某银行支行选择通过申请《执行证书》，向主债务人卢某先行主张债权并要求实现对其房屋的抵押权，后因执行未获清偿于2022年向法院单独起诉保证人某公司要求承担连带保证责任，系在民法典施行后因履行保证合同发生争议引发本案诉讼，按照《最高人民法院关于适用〈中华人民共和国民法典〉时间效力的若干规定》第一条、第二十条规定，本案应适用民法典的规定。

北京市密云区人民法院依照《中华人民共和国民法典》第三百九十二条、第六百八十一条、第六百八十五条第二款、第六百八十八条、第六百九十一条、第六百九十二条、第七百条，《最高人民法院关于适用〈中华人民共和国民法典〉时间效力的若干规定》第一条、第二十条，《中华人民共和国民事诉讼法》第六十七条第一款、第九十五条、第一百四十七条之规定，判决如下：

一、某公司对（2021）京方圆执字第×××号《执行证书》载明的全部债务，包括贷款本金1581993.57元，截至2021年4月14日应支付利息9270.94元，罚息、复利36576.8元，自2021年4月15日起至实际付清全部欠款之日止的罚息、复利（罚息、复利按照《个人额度借款合同》约定的结息方式计收，罚息利率按该合同约定的利率基础上加收50%确定），以及公证费1582

元，向中国邮政储蓄银行股份有限公司北京密云区支行承担连带清偿责任，其中利息、罚息、复利合计以不超出年利率24%为限。

二、某公司承担保证责任后，有权向卢某追偿。

【法官后语】

上述案例涉及保证合同同时又提到了保证期间问题，虽未涉及诉讼时效，但作为保证制度中争议较大的期间问题，向来是民法热点话题，保证合同是主债务的从合同，存在主合同诉讼时效、保证期间、保证合同诉讼时效三个期间。我国的保证制度主要是由原《中华人民共和国担保法》（已失效）及《最高人民法院关于适用〈中华人民共和国担保法〉若干问题的解释》（以下简称《中华人民共和国担保法解释》）（已失效）规定的，部分条文的不具体、不明晰乃至条文之间存在的矛盾冲突致使理论界和实务界长期存在困惑与质疑，围绕保证期间的性质、保证期间的起算、保证期间与保证合同诉讼时效的关系等关键问题的争议层出不穷。

对保证合同保证期间的研究必然会涉及诉讼时效。而其中对于保证合同诉讼时效的起算时间的争议尤为热烈。《中华人民共和国担保法解释》第三十四条①规定了一般保证和连带责任保证诉讼时效的起算点。对于连带责任保证的规定似乎没有太多质疑。然而在一般保证中，由于一般保证人先诉抗辩权的存在，“从判决或者仲裁裁决生效之日起”的规定一直为学者们所质疑批驳。

《中华人民共和国担保法》第十七条②及《中华人民共和国担保法解释》第三十四条，从判决或者仲裁裁决生效之日起到执行完毕之日间存在一个时间

---

① 原《最高人民法院关于适用〈中华人民共和国担保法〉若干问题的解释》（已失效）第三十四条：“一般保证的债权人在保证期间届满前对债务人提起诉讼或者申请仲裁的，从判决或者仲裁裁决生效之日起，开始计算保证合同的诉讼时效。连带责任保证的债权人在保证期间届满前要求保证人承担保证责任的，从债权人要求保证人承担保证责任之日起，开始计算保证合同的诉讼时效。”

② 原《中华人民共和国担保法》第十七条第二款：“一般保证的保证人在主合同纠纷未经审判或者仲裁，并就债务人财产依法强制执行仍不能履行债务前，对债权人可以拒绝承担保证责任。”

差。针对这一问题，《中华人民共和国民法典》第六百九十四条[1]的规定较好地回应了理论界与实务界的期待。但仍有学者从诉讼时效一般规则适用的角度出发，指出该项规定仍存在与总则规定的龃龉，使得保证合同诉讼时效期间的起算点提前，它直接跳过了保证人拒绝承担保证责任这个时间点提前开始计算[2]。

《中华人民共和国民法典》第一百八十八条规定，“诉讼时效期间自权利人知道或者应当知道权利受到损害以及义务人之日起计算”。这一规则适用于保证合同中，由于保证合同中的义务人是明确的即保证人，则保证合同的诉讼时效起算点应为债权人知道或者应当知道对保证人的权利受到损害之日。反观《中华人民共和国民法典》第六百九十四条对于保证合同诉讼时效起算的规定，一般保证中为“保证人拒绝承担保证责任的权利消灭之日”，这里的“保证人拒绝承担保证责任的权利”显然意指一般保证人的先诉抗辩权；连带责任保证中为“债权人请求保证人承担保证责任之日”。这两个时点是否可以理解为“权利受到损害之日”呢？学者指出，这样理解是不妥的。“债权人获得对保证人的保证责任请求权并不当然意味着债权人的利益受到损害，保证人拒绝承担保证责任才会最终导致保证合同的债权人的权利受到损害。”[3] 因此根据总则中诉讼时效适用的一般规则，一般保证中诉讼时效的起算应当为债权人在保证期间对债务人提起诉讼、申请仲裁并强制执行后，债权人要求保证人承担保证责任而保证人拒绝之日；连带责任保证中应当为保证期间内债权人要求保证人承担保证责任而保证人拒绝之日。从维护时效制度的统一性与合理性上讲，应当依照《中华人民共和国民法典》的相关规定确定保证合同诉讼时效的起算点。[4]

编写人：北京市密云区人民法院　王佳

---

① 《中华人民共和国民法典》第六百九十四条：“一般保证的债权人在保证期间届满前对债务人提起诉讼或者申请仲裁的，从保证人拒绝承担保证责任的权利消灭之日起，开始计算保证债务的诉讼时效。连带责任保证的债权人在保证期间届满前请求保证人承担保证责任的，从债权人请求保证人承担保证责任之日起，开始计算保证债务的诉讼时效。”

② 参见杨巍：《论保证债务诉讼时效的起算》，载《西南政法大学学报》2023年第5期。

③ 参见杨巍：《论保证债务诉讼时效的起算》，载《西南政法大学学报》2023年第5期。

④ 卢瑶：《保证期间与保证合同诉讼时效问题研究》，中国地质大学2019年硕士学位论文，第21页。

三、抵　押

26

抵押权人未在主债权诉讼时效期间行使抵押权，抵押登记应予解除

——单某诉王某抵押权案

【案件基本信息】

1. 裁判书字号

安徽省马鞍山市中级人民法院（2024）皖05民终470号民事判决书

2. 案由：抵押权纠纷

3. 当事人

原告（被上诉人）：单某

被告（上诉人）：王某

【基本案情】

2014年9月22日，案外人刘某、杨某向王某借款30万元，单某同意用自己位于某小区×栋××室房屋抵押担保；同日，上述三方签订借条一份，载明“今借到王某人民币叁拾万元整。某小区×栋××室贷款抵押。”刘某、杨某作为借款人在借条上签字，单某作为担保人在借条上签字。同时在该借条上，刘某书写已收到借款现金叁拾万元整。当日，单某与王某还签订了名为借款合同，

实为担保合同的协议，内容表述为“因甲方生意周转，资金短缺，现用某小区31 幢 804 室房产作为抵押，向乙方借款（人民币）叁拾万元整，借款期限为壹年（2014 年 9 月 22 日~2015 年 9 月 22 日）”。

同年 9 月 24 日，单某与王某前往不动产登记中心办理了抵押登记手续。其后刘某归还了部分借款。2018 年 4 月 21 日，在单某不知情的情况下，王某和刘某、杨某签订新的借款合同，在该合同中未经单某同意，仍约定以单某房产作为抵押。2022 年，王某向花山区人民法院起诉刘某、杨某和单某，要求单某承担连带还款的担保责任，花山区人民法院驳回了对单某的起诉；王某上诉至马鞍山市中级人民法院，亦被驳回上诉。

单某向法院提起诉讼请求：判决解除 2014 年 9 月 24 日王某、单某在马鞍山市不动产登记中心办理的某小区×栋××室房屋抵押登记，王某对单某上述主张不同意。

【案件焦点】

法院是否应当判决解除单某与王某于 2014 年 9 月 24 日在不动产登记中心办理的案涉房屋抵押登记。

【法院裁判要旨】

安徽省马鞍山市雨山区人民法院经审理认为：单某与王某于 2014 年 9 月 22 日签订的抵押合同约定了期限，而 2018 年 4 月 21 日，王某和刘某、杨某签订借款合同单某并不知情，单某亦未明确表示同意继续将案涉房产作为 2018 年 4 月 21 日借款合同的抵押物。王某提交的证据材料不足以证实其与单某有口头协议，约定偿还 27 万元后再解除抵押权。故，法院对单某要求解除 2014 年 9 月 24 日王某、单某在马鞍山市不动产登记中心办理的某小区×栋××室房屋抵押登记之诉请予以支持。

安徽省马鞍山市雨山区人民法院判决如下：

解除王某与单某在马鞍山市不动产登记中心办理的某小区×栋××室房屋抵押登记。

王某不服一审判决，提出上诉。

安徽省马鞍山市中级人民法院经审理认为：单某与王某于 2014 年 9 月 22 日签订的抵押合同，约定刘某、杨某向王某借款 30 万元，借款期限为一年（2014 年 9 月 22 日~2015 年 9 月 22 日），单某以案涉房产为该借款提供担保。《中华人民共和国民法典》第四百一十九条规定，抵押权应当在主债权诉讼时效期间行使抵押权；未行使的，人民法院不予保护。王某未在该抵押担保主债权诉讼时效期间行使抵押权，故对其未行使的抵押权不予保护。2018 年 4 月 21 日，王某和刘某、杨某又签订借款合同，安徽省马鞍山市花山区人民法院已生效的（2022）皖 0503 民初 5528 号民事判决认定单某未表示同意继续将案涉房产作为 2018 年 4 月 21 日借款合同的抵押物，单某对该借款合同不承担担保责任。王某主张其与单某有口头协议，约定偿还 27 万元后再解除抵押权，但其提交的证据材料不足以证实该节主张，不予支持。该案中，单某与王某于 2014 年 9 月 22 日签订抵押合同，在单某所有某小区×栋××室房屋设立的抵押权，抵押权人王某已经丧失了国家强制力的保障，故基于该抵押权作出的抵押权登记失去了存在的基础，应予以注销，故一审法院判决解除 2014 年 9 月 24 日王某、单某在马鞍山市不动产登记中心办理的某小区×栋××室房屋抵押登记，具有事实和法律依据，予以支持。

安徽省马鞍山市中级人民法院依照《中华人民共和国民事诉讼法》第一百七十条第一款第一项之规定，作出如下判决：

驳回上诉，维持原判。

【法官后语】

不动产抵押权是保障债权的有效手段，从保全债权的角度看，需要强调抵押权的附随性，即只有经过登记，不动产抵押权才能生效。登记生效主义所带来的是不动产登记的正确和人们对正确登记的信赖，随之产生的是不动产登记的公信力和推定力，以及对交易安全和善意信赖的保护。当抵押权人未在主债权诉讼时效期间行使抵押权，未行使的抵押权，人民法院不予保护时，法院是否应当判决解除抵押登记是本案重点研究的问题。

根据《中华人民共和国民法典》第四百一十九条规定，抵押权人应当在主债权诉讼时效期间行使抵押权；未行使的，人民法院不予保护。抵押权是一种物权，但与一般物权的区别在于它是以抵押物的交换价值为权利内容。只要有交换价值的存在，抵押权的效力就及于这种交换价值的替代物上。因此，即使未行使的抵押权人民法院不予保护，但只要抵押权登记继续存在，抵押权登记所生的公示力仍然及于对该抵押物。也就是说，人们基于对登记等公示方式的信赖，就推定不动产登记簿上的权利人是真正的权利人，当人们基于这种信赖与登记权利人发生交易时，即使登记权利人不是真正的权利人，法律上也保护他们这种善意信赖以及物权变动的结果。在此情形下，抵押物上所负担的抵押登记，对原抵押权人来讲，其抵押权已经丧失了国家强制力的保障；对抵押人而言，继续维持抵押登记势必影响抵押物的正常使用和流转，尤其会影响抵押物交换价值的实现，妨害抵押人所有权的行使，继续维持抵押登记的存在，丧失了合法、合理的依据。即使抵押权没有法定的消灭情形，但当抵押权人未在主债权诉讼时效期间行使抵押权时，从物尽其用、节约资源的角度考量，法院应当判决解除抵押登记。

编写人：安徽省马鞍山市中级人民法院　孙怡

27

抵押权代持的成立应当以担保人明知委托关系存在为前提

——李某 1 诉姚某、范某抵押权案

【案件基本信息】

1. 裁判书字号

北京市第三中级人民法院（2023）京 03 民终 15923 号民事判决书

2. 案由：抵押权纠纷

3. 当事人

原告（被上诉人）：李某1

被告（上诉人）：姚某

第三人（上诉人）：范某

【基本案情】

李某1系某号涉案房屋的所有权人。2022年1月19日，李某1与姚某签订《主债权及不动产抵押合同》，约定李某1将涉案房屋抵押给姚某，被担保主债权数额200万元。当日二人在不动产登记中心办理了抵押权登记，登记权利人为姚某，义务人为李某1，担保数额为200万元，债务履行期限为自2022年1月19日起至2023年1月18日止。但是，在办理抵押登记前及约定的债务履行期限内，姚某与李某1之间无《主债权及不动产抵押合同》载明的200万元借款发生。

李某1主张曾商议向姚某借钱并用涉案房屋作抵押，但办理抵押后姚某并未实际向其支付借款。故提出诉讼请求：（1）解除李某1和姚某于2022年1月19日签订的《主债权及不动产抵押合同》；（2）判令姚某立即协助李某1撤销在平谷区平谷镇建设街某号房屋的抵押登记。

姚某与范某二人辩称，范某是李某1和李某2兄弟二人的债权人，李某2曾答应将李某1的上述房屋抵押给范某，故姚某受范某委托，办理了上述抵押权登记手续，涉案房屋实际抵押权人为范某。李某1不认可。

经查，范某与李某1、李某2之间的民间借贷纠纷，经生效判决认定李某1不欠付范某借款、李某2欠付范某借款200万元。另外，在办理抵押权登记时，范某不在场，李某2当日到过不动产登记中心。

【案件焦点】

1. 李某1与姚某之间的抵押权是否成立；2. 范某与姚某是否成立抵押权代持。

【法院裁判要旨】

北京市平谷区人民法院经审理认为：抵押权的设立以被担保债权有效成立为前提，抵押权设立时被担保债权不存在或者无效的，抵押权不能有效设立。本案中，李某 1 系涉案房屋的所有权人，其在 2022 年 1 月 19 日作为抵押人与抵押权人姚某签订《主债权及不动产抵押合同》并就涉案房屋办理了抵押登记，但经查明双方均认可抵押权设立时及设立后李某 1 和姚某之间并不存在被担保的主债权，可以认定李某 1 与姚某之间关于涉案房屋的抵押权不成立。

关于抵押权代持。姚某主张其受范某委托，涉案房屋实际抵押权人为范某，姚某和范某应举证李某 1 作为担保人知道实际抵押权人范某与名义抵押权人姚某之间存在抵押权代持的委托关系。但姚某和范某在本案中提交的证据，不能形成完整清晰的证据链证明其主张，无法认定范某与李某 1 之间存在债权债务关系，无法认定二人在抵押设立前就二人之间关于涉案房屋抵押权代持的委托关系向李某 1 明示，亦无法认定李某 1 有用涉案房屋为李某 2 欠付范某的债务设立抵押并登记于姚某名下的意思表示。故，姚某的辩解意见，证据不足，法院不予采纳。

综上所述，李某 1 与姚某关于涉案房屋设立的抵押权因没有主债权的发生而不成立，亦未有关于姚某代持抵押权的相关证据。据此，北京市平谷区人民法院依照《中华人民共和国民法典》第三百九十四条、《最高人民法院关于适用〈中华人民共和国民法典〉有关担保制度的解释》第四条之规定，作出如下判决：

一、李某 1 和姚某于 2022 年 1 月 19 日签订的《主债权及不动产抵押合同》于 2022 年 9 月 7 日解除；

二、姚某于本判决生效后 10 日内，协助李某 1 办理在某号房屋上设立的抵押权人为姚某的抵押登记撤销手续。

姚某、范某不服一审判决，提出上诉。

北京市第三中级人民法院经审理认为：首先，现有证据不足以证明范某与李某1之间存在抵押合同所涉的200万元的债权债务关系，亦无法认定姚某与范某在抵押设立前就二人之间关于涉案房屋抵押权代持的委托关系向李某1明示，故对姚某、范某关于抵押权委托代持的主张难以采信。其次，关于姚某和范某提出的李某1系用涉案房屋为李某2欠付范某的债务设立抵押并登记于姚某名下的主张。姚某和范某在本案中提交的证据，不能形成完整清晰的证据链证明李某1明确同意用涉案房屋为李某2做担保之情况，在李某1现对此不予认可的情况下，对姚某和范某的该项主张亦难以采信。综上，北京市第三中级人民法院依照《中华人民共和国民事诉讼法》第一百七十七条第一款第一项之规定，作出如下判决：

驳回上诉，维持原判。

【法官后语】

一、担保物权的设立、处分、实现、消灭均从属于主债权

担保合同是主债权债务合同的从合同，担保权在设立、内容、处分、实现、消灭上从属于主债权。故，担保物权的认定需要注意：(1) 特定主债权存在是设立担保权之前提；(2) 担保权所担保的范围不超过其担保的主债权及其从债权（利息、违约金、损害赔偿金等）的数额；(3) 担保权不能与主债权分别转移；(4) 担保权之实现旨在清偿主债务；(5) 担保权随主债权消灭而消灭。本案中，根据证据，姚某与李某1之间在抵押权设立之前及设立后，乃至约定的债务履行期限内，不存在抵押合同所约定的200万元的债权债务关系。虽然双方已就涉案房屋办理了抵押登记，亦无法认定抵押权已经有效成立。

二、关于抵押权代持

法律不禁止抵押权代持，《最高人民法院关于适用〈中华人民共和国民法典〉有关担保制度的解释》第四条规定："有下列情形之一，当事人将担保物权登记在他人名下，债务人不履行到期债务或者发生当事人约定的实现担保物权的情形，债权人或者其受托人主张就该财产优先受偿的，人民法院依法予以支持：（一）为债券持有人提供的担保物权登记在债券受托管理人名下；（二）为委托贷款人提供的担保物权登记在受托人名下；（三）担保人知道债权人与他

人之间存在委托关系的其他情形。”该条规定适用于以登记作为公示方法的担保物权，因债权人与他人之间存在委托关系，导致登记的担保物权人与实际的担保物权人不一致的情形，即抵押权代持。抵押权代持的认定应当以担保人明知实际抵押权人和名义抵押权人之间存在委托关系为前提，该处担保人明知的举证责任在于存在委托关系的双方。存在委托关系的双方应当举证证明担保人知道实际抵押权人与登记抵押权人之间存在抵押权代持的委托关系。如无法证明且担保人不认可，则承担举证不能的法律后果。

三、在抵押权代持成立的情形下，如何确定担保物权的归属

登记的抵押权人与真正债权人相分离时，抵押权究竟属于登记的权利人还是真正的债权人。一种观点认为，登记的担保物权人是担保物权人，因为在登记生效主义中，登记是无权的设立要件，只有登记簿记载的权利人才是实际权利人。况且登记的权利人与实际权利人不一致往往因委托关系所致，而委托关系属于债的关系，委托人只能请求显名，不能请求确权。另一种观点则认为，应当根据当事人间实际权利义务关系，确定委托人为实际权利人。因为委托关系并非物权变动的原因，委托人与受托人之间是权利归属问题，而非物权变动问题。根据目前实务通说观点认为，应当根据当事人之间的实际权利义务关系确定抵押权的归属，认定委托人为实际抵押权人。抵押合同中，若未办理抵押登记，债权人也只能基于抵押合同主张相应权利，不能请求确认享有抵押权。但委托合同是委托人和受托人约定，由受托人处理委托人事务的合同，本身不以导致物权变动为目的，因为不是物权变动的原因，当然不适用物权变动规则。换言之，在受托人给予委托人授权对外从事法律行为，并且因之导致物权变动的情况下，就委托人与受托人之间的关系而言，本质上是如何确定权利归属及该权利归谁所有的问题，而非物权变动的问题。此时，不论是权利义务相一致的原则，还是基于受托人应当将取得的财产转交委托人的规则，抑或基于诚实信用原则，都应当认定委托人是实际权利人。

综上所述，抵押权的成立以主债权的有效成立为前提，抵押权代持的认定应当以担保人明知实际抵押权人和登记抵押权人之间存在委托关系为前提，该

处担保人明知的举证责任在于存在委托关系的双方。抵押权代持成立的情况下，委托人为实际权利人。

编写人：北京市平谷区人民法院 马文红 张文博

28

抵押权人在诉讼中放弃对抵押人的诉讼请求，不构成对抵押权的放弃

——王某某诉汪某某抵押权案

【案件基本信息】

1. 裁判书字号

重庆市第五中级人民法院（2023）渝05民终3255号民事判决书

2. 案由：抵押权纠纷

3. 当事人

原告（上诉人）：王某某

被告（被上诉人）：汪某某

【基本案情】

王某某之子王小某向汪某某借款10万元，约定借款期限为2015年2月5日至5月5日，同时约定王某某以其名下的房屋为该笔借款做抵押担保并办理了抵押登记。借款到期后，因王小某未履行还款义务，汪某某遂于2015年11月诉至法院，要求王小某还本付息、王某某承担抵押担保责任。在该案审理过程中，汪某某自愿放弃要求王某某承担抵押担保责任的诉讼请求，三人经法院主持调解自愿达成调解协议：王小某偿还汪某某借款本金及利息共计12万元。汪某某依据上述调解书于2016年、2021年向法院申请强制执行，两次均因王

小某无可供执行的财产而终结执行程序。王某某以上述调解书载明汪某某自愿放弃要求其承担抵押担保责任的诉讼请求，该意思表示视为汪某某放弃案涉房屋的抵押权为由，诉至法院，要求汪某某协助其办理抵押房屋的抵押权注销登记。

【案件焦点】

汪某某作为抵押权人在另案中放弃要求抵押人承担抵押担保责任的诉讼请求，是否构成对抵押权的放弃。

【法院裁判要旨】

重庆市巴南区人民法院经审理认为：首先，汪某某作为债权人在同时起诉债务人、抵押人的案件中，保留对主债权人的诉讼请求而放弃要求抵押人承担抵押担保责任，是起诉人对诉讼请求的变更，不违反法律规定。王某某据此主张产生抵押权放弃的法律后果，无法律依据。其次，放弃抵押权属于财产权的抛弃，是一种单独的民事法律行为，通常应由债权人作出放弃抵押权的明确意思表示或者向登记部门申请抵押权涂销登记，才产生抵押权抛弃的法律效果。本案案涉房屋的抵押登记至今尚未注销，汪某某在本案中也明确表示未曾放弃抵押权，前案确定的调解意见中亦无抵押权人放弃抵押权的明确约定，因此汪某某作为抵押权人在王小某不履行到期债务时依法有权主张就案涉房屋优先受偿。

重庆市巴南区人民法院依照《中华人民共和国民法典》第一百九十五条、第三百九十四条、第三百九十五条、第四百零二条、第四百零六条、第四百一十九条，《中华人民共和国民事诉讼法》第六十七条、第一百四十七条之规定，判决如下：

驳回王某某对汪某某的诉讼请求。

王某某不服一审判决，提出上诉。

重庆市第五中级人民法院经审理认为：王某某与王小某系父子关系，王某某对王小某是否有偿还能力应是知晓并清楚的，汪某某在其与王某某、王小某的民间借贷纠纷案中，为尽快实现债权，其在人民法院调解过程中就案涉房屋抵押权所作的放弃要求王某某承担抵押担保责任的意思表示，不得在本案诉讼中作为对其不利的根据，同时，汪某某在本案中也未明确表示放弃案涉房屋的抵押权，为此，汪某某未放弃案涉房屋的抵押权，王某某无权要求汪某某协助办理案涉房屋的抵押权注销登记。

综上，王某某的上诉请求不能成立，应予驳回；一审判决认定事实清楚，适用法律正确，应予维持。

重庆市第五中级人民法院依照《中华人民共和国民事诉讼法》第一百七十七条第一款第一项规定，判决如下：

驳回上诉，维持原判。

【法官后语】

抵押权人在诉讼中放弃对抵押人的诉讼请求，不构成对抵押权的放弃。放弃民事权利的意思表示通常须以明示的方式作出，只有在法律有明确规定或当事人有明确约定的情况下才可以默示的方式作出。在抵押权人并未明确表示其愿意放弃抵押权的情形下，仅以抵押权人在另案中提出了确认抵押权的诉请而在该案调解协议中又放弃对抵押人的诉请为由，主张抵押权人自愿放弃抵押权，依据不足。

一、能否支持抵押人的唯一标准是主债权诉讼时效期间是否经过

根据《中华人民共和国民法典》第三百九十四条“为担保债务的履行，债务人或者第三人不转移财产的占有，将该财产抵押给债权人的，债务人不履行到期债务或者发生当事人约定的实现抵押权的情形，债权人有权就该财产优先受偿。前款规定的债务人或者第三人为抵押人，债权人为抵押权人，提供担保的财产为抵押财产”之规定，法律仅规定抵押权是抵押权人的权利，法律并未强制规定抵押权的行使必须与主债权同时主张，而不能在之后行使。抵押权人实现抵押权有“协议”和“诉讼”两种途径，即抵押权人可以通过非讼程序来行使抵押权，对抵押权的行使债权人有选择权，并非必须通过诉讼解决。民事诉讼法亦对担保物权人申请实现担保物权适用特别程序进行了规定，故抵押权人可以单独对抵押人提起诉讼。《最高人民法院关于适用〈中华人民共和国民法典〉有关担保制度的解释》第四十四条第一款规定：“……主债权诉讼时效期间届满前，债权人仅对债务人提起诉讼，经人民法院判决或者调解后未在民

事诉讼法规定的申请执行时效期间内对债务人申请强制执行，其向抵押人主张行使抵押权的，人民法院不予支持”。由此可知，主债权诉讼时效届满前，债权人可仅对债务人提起诉讼，只要其在法定期间内向法院申请对债务人强制执行，其即可单独向抵押人主张行使抵押权的权利。汪某某在另案中未主张抵押人王某某承担抵押担保责任，不违反法律规定，且其在法律规定的申请执行时效期间内申请对债务人王小某强制执行，判决生效执行未果后，诉讼时效期间应当重新起算，只要主债权诉讼时效期间没有经过，都应当支持债权人的请求。

二、抵押权的放弃应有抵押权人明确的意思表示

放弃抵押权属于处分财产权，系一种单独民事法律行为，民事法律行为以意思表示为要素，除法律有特别规定外，意思表示应以明示方式作出。基于抵押物之不同，存在不动产抵押和动产抵押两种形式。若是不动产抵押，根据《中华人民共和国民法典》第二百零八条的规定，放弃不动产抵押权不仅需要债权人明示为之，且须以办理抵押权注销登记为准。若是动产抵押，根据《中华人民共和国民法典》第四百零三条的规定，动产抵押权自债权人向抵押人明示放弃时产生放弃效力；对于已经登记的动产抵押权，未注销登记不得对抗善意第三人。由于放弃抵押权对债权人、债务人和其他担保人权利义务影响甚大，原则上“放弃”是指债权人的明示放弃，不应承认以默示方式放弃的效力，明示放弃主要包括两种情形：一是债权人用书面的形式明确表示放弃担保物权。例如，债权人与债务人或者提供担保的第三人以签订协议的方式同意放弃担保物权。二是债权人以行为放弃。例如，因债权人自己的行为导致担保财产毁损、灭失的，视为债权人放弃了担保物权。故，在无明确约定或者法律特别规定的情况下，非经抵押权人明确表示放弃抵押权，不宜基于其他行为推定抵押权人放弃对抵押物所享有的抵押权。本案案涉房屋的抵押登记至今尚未注销，汪某某亦未明确表示放弃案涉房屋的抵押权，王某某仅以汪某某在另案中提出了确认抵押权的诉请而在该案调解协议中又放弃对抵押人的诉请为由，主张其自愿放弃抵押权，依据不足。

编写人：重庆市巴南区人民法院　唐汶

29

抵押人在主债权诉讼时效届满后可以请求涂销抵押权登记

——张某某、夏某甲诉某银行抵押权案

【案件基本信息】

1. 裁判书字号

四川省眉山市中级人民法院（2023）川14民终882号民事判决书

2. 案由：抵押权纠纷

3. 当事人

原告（被上诉人）：张某某、夏某甲

被告（上诉人）：某银行

【基本案情】

冷某某、夏某乙系夫妻关系，张某某、夏某甲系夫妻关系，夏某乙与夏某甲系姐弟关系。2003年9月28日，冷某某向某银行申请借款50万元。2003年9月30日，张某某、夏某甲向某银行分理处出具《担保承诺书》，将共有的位于某路房产作为抵押物。后冷某某未按约偿还借款本息。后某银行向法院提起诉讼。法院经审理认为，合法的借贷关系受法律保护，被告冷某某、夏某乙应当承担偿还借款的义务。本案主合同约定的借款期限届满日是2004年9月29日，主债权诉讼时效为两年，原告未提供证据证明其向张某某、夏某甲催收过，故原告对抵押人张某某、夏某甲的请求超过法律规定的期限。遂判决冷某某、夏某乙归还借款本息并驳回了某银行的其他诉讼请求。

抵押人张某某、夏某甲诉至法院请求：判令被告某银行配合原告张某某、

原告夏某甲办理注销眉房权证某某字第M-010×××号房屋的抵押登记手续。某银行认为主债权超过诉讼时效不能达到抵押权消灭的法律后果。

【案件焦点】

案涉房屋抵押权是否予以涂销登记。

【法院裁判要旨】

四川省眉山市东坡区人民法院经审理认为：《中华人民共和国民法典》第四百一十九条规定，抵押权人应当在主债权诉讼时效期间行使抵押权，未行使的，人民法院不予保护。法律规定的该期间系除斥期间，系抵押权人行使抵押权的存续期间，在该期间内抵押权人不行使权利，不仅丧失了人民法院的公力保护，且因该期间的经过而抵押权消灭。但仍将使抵押物的归属长期处于不稳定状态，不仅不利于保护当事人的合法权益，也不利于物的使用和流通。本案中已有生效判决确认被告某银行未在主债权诉讼时效期间行使抵押权，其抵押权已消灭，作为抵押人的原告有权要求被告涂销抵押权登记。

四川省眉山市东坡区人民法院判决如下：

在本判决生效之日起十日内，由被告某银行办理原告张某某、夏某甲名下的位于眉山市东坡区某路6层*号的商业用房（房产证号：眉房权证某某字第M-010×××号）抵押的涂销登记。

某银行不服一审判决，提出上诉。

四川省眉山市中级人民法院经审理认为：张某某、夏某甲为冷某某、夏某乙向某银行的借款50万元提供房屋抵押担保，并办理了抵押登记。某银行在另案中主张张某某、夏某甲承担抵押担保责任，因某银行的请求超过法律规定的期限，未予支持。某银行未在其主债权50万元的诉讼时效期间主张抵押权，参照《全国法院民商事审判工作会议纪要》第五十九条“抵押权人应当在主债权的诉讼时效期间内行使抵押权。抵押权人在主债权诉讼时效届满前未行使抵押权，抵押人在主债权诉讼时效届满后请求涂销抵押权登记的，人民法院依法予以支持”之规定，应当涂销抵押权的登记。

四川省眉山市中级人民法院判决：

驳回上诉，维持原判。

【法官后语】

抵押权人应当在主债权诉讼时效期间行使抵押权；未行使的，人民法院不予保护。抵押权对抵押财产具有权能上的限制，对抵押财产的使用和转让均发生影响，规定抵押权有存续期间，便于担保物的流转，并能充分发挥担保物的使用价值。抵押权存在而不行使，不仅不利于物的交易价值和担保秩序的稳定，反而可能会助长抵押权人滥用因物之担保而取得的优势地位，损害债务人的利益。若对抵押权人行使抵押权的期限不进行限制，抵押财产的归属长期处于不确定状态，不利于保护双方当事人的合法权益，也不利于抵押财产效能的发挥。确立抵押权期限制度，促使抵押权人积极地及时行使抵押权，迅速了结债权债务关系，也有利于社会经济秩序的稳定。而且，抵押权人长期怠于行使其权利，法律对之也无特别加以保护的必要，应使抵押权消灭。

但是应当看到，抵押权在物上的法定担保权，依据物权法定原则，抵押权的设立、变更和消灭均须由法律规定之，任何人包括当事人不得任意为之。因此，除非有法律明确规定的消灭事由发生，否则抵押权是永续存在的。抵押权即便在一定期限内不行使，也不能发生抵押权消灭的效力。但是，抵押权的永续存在而不行使不利于抵押财产的交易价值和担保秩序的稳定，反而可能会助长抵押权人滥用因财产之抵押而取得的优势地位，损害债务人的利益。抵押人可主张对抵押财产清偿债务之多余部分的权利，特别是抵押权设立时不转移对抵押财产的占有，抵押人需为之保管抵押权的实现又往往求助于法院为之实施。为排除上述怠于行使抵押权之弊端，在权衡抵押权人、抵押人以及其他利害关系人（如非为抵押人的债务人）的利益的基础上，法律规定若抵押权人在一定期间内可行使而不行使其抵押权的，则该权利即不受人民法院保护。

在实践当中，需要注意抵押权行使期间，是与抵押权所担保的主债权挂钩，这个期间即为主债权的诉讼时效期间。如果主债权自受到侵害之日起，债权人一直没有行使权利，那么，为主债权担保的抵押权的存续期间与主债权的诉讼时效期间相同。实务中经常存在担保合同当事人在合同中约定抵押权的期限、登记机关在登记时强制性地将抵押权登记为一定期限的情形。根据法律规定，当事人约定的或者登记部门要求登记的担保期间，对担保物权的存续不具有法律约束力，故该期限不能影响抵押权的存续。

编写人：四川省眉山市东坡区人民法院　陈园园

30

抵押权行使期间届满后注销抵押登记之诉的实践路径

——张某某诉某银行抵押合同案

【案件基本信息】

1. 裁判书字号

河南省郑州市中级人民法院（2023）豫01民终6327号民事判决书

2. 案由：抵押合同纠纷

3. 当事人

原告（被上诉人）：张某某

被告（上诉人）：某银行

【基本案情】

1998年8月26日，张某某向某银行某营业所（成立于1997年12月2日，2006年10月16日被核准注销，权利义务由某银行继受）借款3万元，并出具《借款借据》，约定借款利率6.3525‰，到期日期为1999年7月26日，并以其名下所有的新郑市某房产作抵押办理了抵押登记手续，张某某称其将房产证原件交付给某银行。2023年2月7日，经查询该房屋仍处于抵押状态，抵押权人为某银行某营业所。张某某起诉请求：(1) 判令某银行返还张某某名下位于新郑市某房产的房产证；(2) 判令某银行协助张某某办理涂销该房产抵押权登记手续。

【案件焦点】

抵押权行使期间届满，抵押人是否可以主动提起诉讼，请求人民法院判决注销抵押登记。

【法院裁判要旨】

河南省新郑市人民法院经审理认为：依据《中华人民共和国民法典》第四百一十九条及最高人民法院于2019年发布的《全国法院民商事审判工作会议纪要》第五十九条第一款规定，抵押权人在主债权诉讼时效届满前未行使抵押权，抵押人在主债权诉讼时效届满后请求涂销抵押权登记的，人民法院依法予以支持。(1) 抵押物的带押转让使得受让人的物权完整性处于不确定状态，不利于稳定法律关系，因此，抵押人在主债权诉讼时效届满后有权请求涂销抵押权登记。(2) 抵押权是债权人就抵押物拍卖、变卖优先受偿的权利。根据《中华人民共和国民法通则》关于诉讼时效期间的规定，主债权人即某银行应在涉案借款期限届满后二年内主张权利。自本案还款日1999年7月26日次日起，某银行至今已逾二十年未向债务人张某某主张权利，主债权的诉讼时效与最长权利保护期间已经过。没有强制执行力的抵押权，存续或灭失在实际效果上并无二致，从价值衡量及物尽其用上来说，抵押人在主债权诉讼时效届满后，尤其是最长诉讼时效期间亦届满的情况下，有权请求涂销抵押权登记。(3) 张某某主张某银行返还房产证原件，其提供的证据无法证明其将房产证原件交付某银行，该项请求不予支持。

河南省新郑市人民法院判决：

一、某银行应于本判决生效之日起十日内协助张某某办理新郑市某房产涂销抵押权登记手续；

二、驳回张某某的其他诉讼请求。

某银行向河南省郑州市中级人民法院提出上诉。河南省郑州市中级人民法院判决：驳回上诉，维持原判。

【法官后语】

原告在起诉注销抵押登记的同时，通常会提出解除抵押合同、请求确认抵押权消灭等多项诉讼请求，审理此类案件通常适用《中华人民共和国民法典》第四百一十九条及《全国法院民商事审判工作会议纪要》第五十九条，但在适用法律时仍然难以绕过以下几个问题：抵押权行使期间届满对抵押权存续的影响、抵押权存续与登记注销的关系、起诉请求注销登记的请求权基础与诉讼主体。

关于抵押权行使期间始终存在期间性质之争。诉讼时效的适用对象是权利人请求人民法院保护其民事权利的救济性请求权，从诉讼层面处理了权利长期不行使的后果，义务人通过提出诉讼时效抗辩，否定了权利人所举全部证据的效力，以此弥补了义务人因年代久远、证明困难导致的在诉辩对抗中所处的弱势地位，因此，诉讼时效是一种法定的诉讼利益分配，也正因这种利益分配的法定性，其适用涉及制度对私权的干预，应当具有限度，止于绝对权利。抵押权作为一种法定担保物权，其权利性质决定了实现抵押权的请求权被排除在诉讼时效制度的适用范围之外。除斥期间则主要为消灭权利而设，更不宜适用于具有对世性的物权权利体系。结合我国物权法定原则，《中华人民共和国民法典》第四百一十九条可以理解为我国民法为限制抵押权永续而创设的特殊期间，其模式同于诉讼时效，并利用担保物权的从属性，将该期间与主债权诉讼时效期间关联起来。于抵押权而言，抵押权行使期间届满，抵押权人丧失了其通过诉讼实现抵押权的请求权基础。

依照这种立法设计，该期间届满后，享有期间届满抗辩利益者，包括抵押人、其他顺位的抵押权人、其他债权人、抵押物的取得人等，可以取得期间届满的抗辩权。但是，时效抗辩系一种被动防御，需要抗辩权人主动援引。在抵押权人主张行使抵押权的情况下，抵押人自然可以援引抗辩，但其能否在抵押权人未提出行使抵押权的情况下，主动请求注销登记，则需要确认其注销登记请求权是否有法理基础。司法实践中存在一种思路认为，注销登记应当以权利灭失为前提，注销登记系对抵押权的消灭，这种思路并不周延。抵押权的物权变动规则采公示生效主义，公示方式为登记，这种法定规则可以理解为当事人基于意思表示变动物权，未经公示不为法律所承认。登记制度的效力包括权利变动、权利推定与信赖保护效力，抵押权的公示本身为一种物上负担的公开，注销登记后，这种物上负担又回归到抵押合同当事人之间，抵押权指向的是对抵押物进行折价、变卖等实现抵押物价值的处分，在理想状态下，并非没有实现的可能。因此，注销登记消灭的是抵押权的公示，包括抵押权人之间的顺位优先性及对抗第三人的效力，而非抵押权本身。抵押权行使期间届满后，享有期间届满抗辩权的主体均能通过提出抗辩排除抵押权的实现，已经无须保护抵押权人的顺位优先性与善意第三人的信赖，登记公示失去了存在的必要。物权人基于恢复物权完整性的要求，可以要求排除妨害，请求注销抵押登记。

由于注销登记请求权系排除妨害请求权在公示制度上的具体体现，适格主体以物权的真正权利人为宜。注销登记的义务主体应当为抵押权人及登记簿上记载的名义权利人。人民法院判决注销抵押登记无须以确认权利消灭为前提。

编写人：河南省郑州市中级人民法院　丁亮　刘一笑

31

不动产抵押权的善意取得的认定标准

——李某某诉刘某等抵押合同案

【案件基本信息】

1. 裁判书字号

广西壮族自治区南宁市西乡塘区人民法院（2023）桂0107民初654号民事判决书

2. 案由：抵押合同纠纷

3. 当事人

原告：李某某

被告：刘某、蓝某某、黄某某

【基本案情】

李某某与刘某系夫妻关系，两人于2018年9月10日共同购买了南宁市西乡塘区某小区房屋（以下简称案涉房屋），该房屋登记的权利人为刘某，共有情况为单独所有，附记为2018年8月向某清算组购买所得。

案涉房屋现有以下不动产抵押登记信息：

第一顺位：抵押权人为刘某，业务类型为最高额抵押，担保债权数额为550000元，登记时间为2021年6月9日；

第二顺位：抵押权人为蓝某某，业务类型为最高额抵押，担保债权数额为230000元，登记时间为2021年6月28日；

第三顺位：抵押权人为黄某某，业务类型为一般抵押，担保债权数额为50000元，登记时间为2021年6月28日。

2021年2月9日黄某某向刘某转账100000元，并于2021年6月28日进行了担保债权数额为50000元的一般抵押登记。2021年6月28日，刘某向蓝某某借款230000元，并向蓝某某出具《欠条》一份。同日，刘某与蓝某某签订《房屋买卖合同》一份，约定刘某将案涉房屋出售给蓝某某。蓝某某于2021年6月28日至2021年6月30日期间向刘某转账交付230000元。刘某甲对案涉房屋享有优先受偿权的事实已经其他生效法律文书确定。

李某某向法院起诉，主张其对刘某将夫妻共有房产对外抵押的行为不知情，要求判令刘某将案涉房屋抵押给蓝某某、黄某某的行为无效，并涤除或注销案涉房屋的抵押登记。蓝某某、黄某某主张其对案涉房屋享有的抵押权构成善意取得。

【案件焦点】

蓝某某、黄某某对案涉房屋享有的抵押权是否构成善意取得。

【法院裁判要旨】

广西壮族自治区南宁市西乡塘区人民法院经审理认为：本案抵押行为均发生于民法典施行后，根据法律规定，本案应适用民法典及《最高人民法院关于适用〈中华人民共和国民法典〉有关担保制度的解释》（以下简称《担保制度解释》）的有关规定。虽然《最高人民法院关于适用〈中华人民共和国担保法〉若干问题的解释》（2000 年 12 月 13 日起施行）（以下简称《担保法解释》）第五十四条第二款规定："共同共有人以其共有财产设定抵押，未经其他共有人的同意，抵押无效。但是，其他共有人知道或者应当知道而未提出异议的视为同意，抵押有效。"但在 2021 年 1 月 1 日起施行的民法典及《担保制度解释》中均没有这项规定，因此上述《担保法解释》第五十四条规定已经失效，现行法律并未规定未经共有人同意以共有财产设定的抵押无效。

根据《中华人民共和国民法典》第三百一十一条的规定，抵押权作为担保物权，依法可参照适用善意取得的相关规定。李某某明知案涉房屋仅登记在刘某一人名下，但多年来从未去办理共有人变更登记，案涉房屋的不动产权属登记具有公信力，蓝某某、黄某某基于对案涉房屋对外公示权属情况的信赖，与刘某订立事实上的抵押合同，并办理抵押登记，且蓝某某、黄某某对刘某均享有合法债权，刘某至开庭时仍未向蓝某某、黄某某偿还欠款。因此，法院认为本案应适用善意取得制度，蓝某某、黄某某基于善意取得对案涉房屋的抵押权，刘某与蓝某某、黄某某之间的事实抵押合同有效，李某某的诉讼请求于法无据，法院不予支持。

广西壮族自治区南宁市西乡塘区人民法院依照《中华人民共和国民法典》第二百零九条、第二百一十四条、第二百一十五条、第二百一十七条、第二百二十条、第三百一十一条、第三百九十五条、第四百零二条、第四百二十四条，《中华人民共和国民事诉讼法》第六十七条第一款，《最高人民法院关于适用〈中华人民共和国民法典〉时间效力的若干规定》第一条第一款，《最高人民法院关于适用〈中华人民共和国民法典〉物权编的解释（一）》第十五条，《最高人民法院关于适用〈中华人民共和国民事诉讼法〉的解释》第九十条之规定，判决如下：

驳回李某某的全部诉讼请求。

宣判后，各方均未提起上诉，该判决已发生法律效力。

【法官后语】

善意取得制度区分了受让人善意与恶意的不同情形，其在公平原则的基础上，兼顾了债权人和交易当事人的财产权益，符合社会经济发展的要求，被各国广泛采用。而抵押权作为最重要的担保物权形式之一，对保证债权的顺利实现和促进融资、实现经济利益的最大化具有重大意义。《中华人民共和国民法典》第三百一十一条赋予了包括抵押权在内的担保物权参照适用善意取得制度的法律依据。不动产抵押权善意取得，是指不动产未作登记或不动产登记记载的权利人与真实的不动产所有人不符，对不动产没有处分权或不完全拥有处分权的人将不动产设置抵押权，债权人若不知或不应知悉存有权利瑕疵或登记有异议抗辩的，债权人仍取得抵押权的制度。该制度的设立旨在保障善意第三人的抵押权利益以及不动产物权变动过程中的交易安全。

在我国婚姻实践中，夫妻共同出资购买的房产只登记在夫妻一方名下的情形并不罕见，如公示的物权人一方未经夫妻另一方同意就将共有房产对外抵押，经常会产生夫妻另一方即"隐形共有人"主张其对抵押毫不知情，并要求注销或涤除设立在该共有房产之上的抵押权的纠纷。笔者认为，要认定蓝某某、黄某某对刘某名下的案涉房产享有的抵押权构成善意取得，须具备以下三个条件。

一、主债权合法有效

抵押权的存在必须以主债权合法有效为前提，这是由抵押权的从属性质所决定的。当主债权无效或被撤销时，讨论抵押权的善意取得不具有任何意义。本案中，蓝某某、黄某某已向刘某交付了相应借款，刘某也出具了相应欠条，因此笔者认为蓝某某、黄某某均与刘某存在合法有效的民间借贷关系，不存在无效或被撤销的情形。

二、已经办理不动产抵押权登记

根据《中华人民共和国民法典》第二百零九条、第二百一十四条、第二百一十六条、第二百二十条的规定，我国实行以不动产物权登记生效主义为不动产物权变动的基本原则。根据《中华人民共和国民法典》第三百九十五条的规定，抵押财产包括不动产、动产及不动产权利三类，其中动产采登记对抗主义，不动产采登记生效主义。根据《中华人民共和国民法典》第四百零二条的规定，建筑物的抵押权自登记时设立。可见，抵押权作为不动产权利中的用益物权，鉴于其客体也是不动产，因而在物权变动上也采登记生效主义。本案中，蓝某某、黄某某的抵押权已经办理了登记，其抵押权合法设立。

三、不动产抵押权人取得抵押权时是善意

第三人善意是判定能否适用不动产抵押权善意取得的最关键、最难把握的要件。对于善意的理解，理论上素有积极观念说和消极观念说之争，在实务中多采用消极观念说，即只要抵押权人不知或不应知道不动产不属于登记权利人即为善意。根据《最高人民法院关于适用〈中华人民共和国民法典〉物权编的解释（一）》第十四条之规定，抵押权人不知道抵押人无处分权，且抵押权人对此无重大过失的，即可推定抵押权人为善意。

不动产物权以登记为公示方法，物权公示具有公信力，依法定登记方式进行公示的物权，容易令人产生信赖利益。现实中，不动产权利登记记载的权利与真实权属不一定一致，可能发生登记错误或不完全，如本案中刘某、李某某夫妻双方共有房产仅登记在刘某名下，即属于登记不完全。为了确保登记公示的物权的真实性，《中华人民共和国民法典》第二百二十条特别规定了异议登记制度，以修正登记过程中可能出现的错误登记。若真实权利人或共同共有人明知不动产权属登记有误或不完全，仍不积极采取权利救济，则需承担相应的风险。即使公示的物权状况与真实的权利状态不符，法律推定登记簿上记载的人是不动产的物权人，公示的物权人以该物权再设定他物权的，第三人自可基于对公示公信力的善意信赖而善意取得相应他物权，该善意他物权应当得到法律保护。

回归到本案中，笔者认为，并无证据证实蓝某某、黄某某明知或应当知道刘某名下的房产存在登记错误，李某某作为案涉房屋的共同共有人在明知该不动产权属登记不全的前提下没有提出异议登记，蓝某某、黄某某仅为一般民事主体而非商事主体，在已审查不动产登记的前提下，已尽合理注意义务，不存在重大过失，两人可基于其对信赖公示的善意而取得合法有效的抵押权。本案裁判规则有利于保障不动产物权变动过程中交易安全、稳定，对此类案件审判实践具有较强的参考和指导意义。

编写人：广西壮族自治区南宁市西乡塘区人民法院　许晓彤　曾永驰

32

抵押合同无效，抵押人赔偿范围受债务人不能清偿部分赔偿比例和合同约定抵押物价值的双重限制

——甲金属公司诉某贸易公司、乙金属公司对外追收债权案

【案件基本信息】

1. 裁判书字号

江苏省江阴市人民法院（2023）苏0281民初14141号民事判决书

2. 案由：对外追收债权纠纷

3. 当事人

原告：甲金属公司

被告：某贸易公司、乙金属公司

【基本案情】

甲金属公司与某贸易公司存在买卖合同关系，某贸易公司向甲金属公司购买热轧卷等货物。2018年6月30日，甲金属公司与某贸易公司签订《欠款结算协议》一份，双方确认截至2017年12月31日，某贸易公司欠甲金属公司货款本金1712余万元，某贸易公司承诺从2018年8月开始每月还款80万元，直

至2020年3月底还清，欠款从2018年7月1日起按照8%计息。同日，甲金属公司与乙金属公司签订《抵押担保合同》一份，约定乙金属公司以其自有设备为某贸易公司的上述债务向甲金属公司提供抵押担保，担保的范围为主债权、利息等。上述设备在市场监督管理局办理了动产抵押登记。乙金属公司提供抵押担保时的法定代表人为汪某，股东为赵某、汪某，分别持股66.67%、33.33%。乙金属公司提供抵押担保未经公司决议通过，甲金属公司也未审查乙金属公司的公司决议。

甲金属公司诉至法院，请求判令：（1）某贸易公司支付货款1712余万元及利息；（2）甲金属公司有权就第一项债权对乙金属公司的抵押设备享有优先受偿权。

【案件焦点】

1. 乙金属公司提供抵押担保的效力；2. 如果抵押无效，乙金属公司承担赔偿责任的范围。

【法院裁判要旨】

江苏省江阴市人民法院经审理认为：结算协议确认了某贸易公司的欠款金额及付款期限，某贸易公司未按约履行构成违约，甲金属公司有权要求某贸易公司支付货款1712余万元及利息。乙金属公司为某贸易公司的债务向甲金属公司提供抵押担保，未按照《中华人民共和国公司法》第十六条的规定经公司有效决议通过，故该抵押担保合同无效，甲金属公司无权要求乙金属公司承担抵押担保责任，但乙金属公司应按法律规定承担相应的赔偿责任。甲金属公司和乙金属公司对抵押担保无效均存在过错，故乙金属公司应对某贸易公司的债务不能清偿部分承担二分之一的赔偿责任。同时，乙金属公司赔偿的范围应限于其用于本案抵押的担保物价值。

江苏省江阴市人民法院依照《中华人民共和国合同法》第六十条、第一百零七条，《中华人民共和国公司法》第十六条，《最高人民法院关于适用〈中华人民共和国民法典〉时间效力的若干规定》第一条第二款，《最高人民法院关于适用〈中华人民共和国担保法〉若干问题的解释》第七条、第九条，《中华人民共和国民事诉讼法》第六十七条第一款、第一百四十七条之规定，判决如下：

一、某贸易公司于本判决发生法律效力之日起十日内支付甲金属公司货款1712余万元及利息；

二、对某贸易公司就上述第一项债务不能清偿部分，乙金属公司在二分之一的范围内承担赔偿责任，且乙金属公司的责任不超过其用于抵押的设备价值，乙金属公司承担责任后，有权向某贸易公司追偿。

【法官后语】

公司在运营过程中，有时会基于各种原因而为他人提供担保。无论是修订前的公司法还是2023年修订的《中华人民共和国公司法》，均规定公司为他人提供担保的，依照公司章程的规定，由董事会或者股东会、股东大会决议。上述规定到底是效力性规定还是管理性规定，违反上述规定公司如何承担责任，之前司法实践中存在分歧。

根据《全国法院民商事审判工作会议纪要》第十七条和《最高人民法院关于适用〈中华人民共和国民法典〉有关担保制度的解释》（以下简称《担保制度司法解释》）第七条规定，担保行为不是法定代表人所能单独决定的事项，而必须以公司股东（大）会、董事会等公司机关的决议作为授权的基础和来源。法定代表人未经授权擅自为他人提供担保的，构成越权代表，人民法院应当根据法律关于法定代表人越权代表的规定，区分订立合同时债权人是否善意分别认定合同效力：债权人善意的，合同有效；反之，合同无效。本案中，乙金属公司提供抵押担保未经股东会或董事会决议，甲金属公司也未根据法律规定对相关决议进行审查，不属于善意，故本案乙金属公司提供的抵押担保无效，且甲金属公司、乙金属公司均存在过错。

原《最高人民法院关于适用〈中华人民共和国担保法〉若干问题的解释》（已失效）第七条和《担保制度司法解释》第十七条均规定，主合同有效而第三人提供的担保合同无效，债权人与担保人均有过错的，担保人承担的赔偿责任不应超过债务人不能清偿部分的二分之一。上述规定并未区分人保和物保，理论上来说，人保和物保均属于担保，故上述规定对人保和物保一体适用，提供物保的担保人在担保合同无效时不承担物的担保责任，但应承担相应的赔偿责任。本案中，乙金属公司提供的抵押担保无效，甲金属公司和乙金属公司均有过错，但对乙金属公司实际承担的责任大小，实践中存在分歧：

第一种观点认为，乙金属公司在某贸易公司不能清偿部分的二分之一范围内承担责任。

第二种观点认为，乙金属公司在某贸易公司不能清偿部分的二分之一范围内承担责任，同时不超过合同约定的抵押设备价值（如果合同未约定，则为抵押设备的变现价值）。

第三种观点认为，乙金属公司在某贸易公司不能清偿部分的二分之一范围内承担责任，同时不超过合同约定的抵押设备价值的二分之一。

笔者认为，上述第二种观点是切实可行、符合司法价值观的，理由为：第一，根据上述法律规定，担保合同无效时，根据担保人的过错程度，其承担的赔偿责任应当受到债务人不能清偿部分的比例限制。

第二，尽管法律仅规定“担保人承担的赔偿责任不应超过债务人不能清偿部分的一定比例”，但担保人承担的赔偿责任不能超过合同约定的担保价值，是应有之义，符合合同效力制度体系的内部逻辑。担保合同无效时，债权人获得的利益不应当超过担保合同有效时所能获得的利益。换言之，担保人在担保合同无效时至少应当受到与担保合同有效时同样的保护，以维护合同效力制度体系的内部和谐。本案中，如果某贸易公司没有任何清偿能力，乙金属公司抵押设备价值评估为500万元，则简单要求乙金属公司对1712余万元的二分之一即856万元承担责任，反而超出了担保合同有效时乙金属公司承担的责任，导致债权人甲金属公司存在过错而实体权利没有影响或获利，显然有悖于合同效力体系的逻辑秩序。同样的道理，第一种观点不应采纳。

第三，担保合同无效时，担保人承担的赔偿责任不超过合同约定的担保物价值或担保范围，符合当事人订立担保合同时的合理预期。担保合同无效时，担保人的赔偿责任也是源于担保合同，虽然担保人根据自身过错来确定赔偿责任，已经不同于担保合同有效时的担保责任，但债权人和担保人签订担保合同时，通常不会主观上认为担保合同无效，故双方均有担保人在合同约定范围内承担责任的预期。

第四，从上述法条看，二分之一来源于“债务人不能清偿部分的二分之一”，而非“担保物价值”的二分之一，故第三种观点认为不能超过担保物价值的二分之一，没有法律依据。

编写人：江苏省江阴市人民法院　浦峥　廖宏娟　潘亚伟

33

抵押权善意取得的认定标准

——严某诉任某某等第三人撤销之诉案

【案件基本信息】

1. 裁判书字号

上海市杨浦区人民法院（2023）沪 0110 民撤 1 号民事判决书

2. 案由：第三人撤销之诉

3. 当事人

原告（被上诉人）：严某

被告（上诉人）：任某某

被告：某实业公司、邱某某、吴某某

【基本案情】

2015 年 12 月，被告吴某某、被告邱某某等人为牟取不法利益，以借款名义欺骗严某签下 200 余万元的虚高金额借条，又在严某不知情的情况下，将其名下某村房产过户给某实业公司，再以某实业公司名义向任某某借款 320 万元，并以该房产作为抵押。2018 年 11 月，任某某诉至法院，要求某实业公司还本付息，并主张就某村房产行使抵押权，经审理，任某某的全部诉请最终获法院判决支持。2020 年 9 月，上海市普陀区人民法院（以下简称普陀法院）经刑事审查后，判定吴某某、邱某某等人的行为构成诈骗罪，某村房产作为赃物应发还给受害人严某。任某某收悉后提出执行异议，称其因合法债权善意取得某村房产的抵押权，该房产不属于刑事裁判追缴的范围。2022 年 9 月 22 日，普陀法院作出执行裁定，认定：严某在未举证证明任某某非善意取得该抵押权的情况下，应认定任某某善意取得抵押权，因任某某对案涉房屋的抵押权相较严某对该房屋退赔权享有优先受偿权，故任某某的异议事由成立。原告严某认为，任某某系职业放贷人，其出借给某实业公司的款项并非其自有资金，且双方就某村房产办理抵押登记前，任某某知晓该房产系吴某某、邱某某诈骗取得，无权善意取得抵押权。故严某向法院提起诉讼，要求撤销关于任某某享有某村房产抵押权的判定。

【案件焦点】

1. 邱某某代表严某与某实业公司签订的房屋买卖合同是否有效；2. 任某某是否取得某村房产的抵押权。

【法院裁判要旨】

上海市杨浦区人民法院经审理认为：关于第一个争议焦点，对涉套路贷房屋买卖合同效力的判断，不宜仅凭公证授权文书一律认定有效，应充分查明当事人的真实意思，对隐藏的民事法律行为的效力依法、公平、审慎地作出判断，应体现司法裁判对维护交易秩序安全、维护公序良俗目标的绝对追求和坚定立场。本案中，虽然严某就某村房产向邱某某出具了经公证的《委托书》，委托范围包括签订买卖合同、办理过户手续，但该《委托书》系严某陷入套路贷诈骗的一环犯罪情节，且邱某某从未和严某协商房产出售对象、时间、价格等关键性、常规性问题。邱某某擅自以严某名义与某实业公司签订的房屋买卖合同，明显超出委托范围，欠缺意思表示真实的一般有效要件，且邱某某等人还在严某不知情的情况下，直接处分了购房款，不仅严重侵害了严某的合法权益，也扰乱了安全、稳定的房产交易秩序，故该合同应属无效。

关于第二个争议焦点，因涉某村房产的买卖合同无效，某实业公司在该房产上设立抵押权的行为属于无权处分。根据任某某从事借贷交易的次数、金额以及其与案外人某丙金融公司之间长期合作的情况，任某某有丰富的借贷交易经验，较之普通市场主体具备更强的调查核实能力，应当对抵押物权利的公示外观与实际物权利益之间的差别负有更高的注意义务。现任某某自述其与某实业公司达成 320 万元借款交易前，从未实地查看抵押物现状，亦未谨慎核查抵押物的所有权来源等重要信息，应当认定其不清楚抵押权系犯罪所得存在重大过失。因此，任某某依法无权主张就某村房产善意取得抵押权。

上海市杨浦区人民法院于 2023 年 10 月作出判决：撤销（2018）沪 0110 民初 22365 号民事判决书判决主文第二项，即“若被告某实业公司未按时履行上述还款义务，原告任某某有权就被告某实业公司名下的某村房产行使抵押权”。

任某某不服一审判决，提起上诉。上海市第二中级人民法院于 2024 年 5 月作出判决：驳回上诉，维持原判。

【法官后语】

本案系一起典型的涉抵押权是否善意取得的商事案件。善意取得制度系基于公示原则对权利外观进行维护，进而保护善意相对人对权利外观的合理信赖，从而维护交易活动的动态安全。此类案件中，应围绕以下三个方面判断抵押权人是否为善意：

一、抵押权人是否尽到合理注意义务

抵押权人在办理抵押登记前，应当对抵押物的权属、占有、使用及其他权利负担等状况尽调查之责。同时，若抵押权人系专业机构或具备专业知识、专门经验的人员，则应赋以更高的注意义务。本案中，法院根据任某某从事借贷交易的次数、金额以及其与案外人某丙金融公司之间长期合作的情况，认为任某某有丰富的借贷交易经验，较之普通市场主体具备更强的调查核实能力，应当对抵押物权利的公示外观与实际物权利益之间的差别负有更高的注意义务。后根据任某某自述其与某实业公司达成借款交易前，从未实地查看抵押物现状，亦未谨慎核查抵押物的所有权来源等重要信息，应当认定其不清楚抵押权系犯罪所得存在重大过失，未尽到合理注意义务。

二、抵押权人是否已支付合理对价

善意取得制度是为保护交易安全而设定，以有偿取得为前提，通常需结合交易当时当地的物价部门指导价或市场交易价，结合其他相关因素予以综合认定。除此之外，对于合理对价应当以受让人已经实际支付给让与人的数额为标准，而不是约定或协议的数额，当实际支付的数额与未支付的数额差距过大时，可能涉嫌虚假交易或恶意串通损害第三人利益等情形。

三、抵押权人对抵押物所有权是否具有基于物权登记的权利外观产生的信赖利益

通常而言，对于不动产及特殊动产我国要求权利人据实登记，登记权利人虽然可能已经并非真实权利人，但却在变更物权登记之前，表现为该物权权利人，因此可能发生对外交易，对此产生的因信赖不动产登记物权而为交易的善意第三人权益保护问题。

编写人：上海市杨浦区人民法院　张琦

34

抵押人承担担保责任后有权就代偿后的资金利息及合理损失向债务人追偿

——唐某诉某资产公司追偿权案

【案件基本信息】

1. 裁判书字号

北京市第三中级人民法院（2023）京 03 民终 17204 号民事判决书

2. 案由：追偿权纠纷

3. 当事人

原告（被上诉人）：唐某

被告（上诉人）：某资产公司

【基本案情】

2013年10月29日，出借人潘某某与借款人某资产公司签订借款合同，约定潘某某向某资产公司出借5500万元，借款期限1年，借款利率为13%/年，借款合同自合同约定的5套抵押房产办理完毕抵押登记之日起生效。借款合同签订后，唐某等5人分别将其名下房产办理了抵押登记，其中唐某的房屋他项权证载明的债权数额为2100万元，权利种类一般抵押，权利人均为潘某某。此后，潘某某放款5500万元，但某资产公司未依约还款。潘某某诉至法院，要求某资产公司偿还借款本金5500万元并支付利息、违约金等，唐某等5人以抵押房产承担担保责任。该案经法院判决，某资产公司偿还借款本金5500万元及利息、违约金，且潘某某有权就唐某已办理抵押登记的房产拍卖变卖所得价款在2100万元范围内优先受偿。

2020年8月18日，潘某某与唐某达成执行和解，约定唐某一次性支付潘某某2100万元并承担该套房产评估费46105元，唐某履行完毕上述付款义务后，双方之间债权债务消灭。当日，唐某向潘某某支付了前述2100万元及评估费46105元。现唐某诉至法院，要求：1. 某资产公司偿还代偿款2100万元、评估费46105元；2. 某资产公司支付利息（以2100万元为基数，自2020年8月19日起至实际给付之日止，按照中国人民银行同期同类贷款基准利率的标准计算）。诉讼中，唐某称执行程序中，抵押房产经过法院评估后，唐某认为拍卖价格较低，并未通过司法处置抵押房产，而是自行出卖了房产从而支付了代偿款。

某资产公司辩称，认可实际代偿的2100万元，追偿权范围仅限于实际承担担保责任范围，不同意支付资金占用费，评估拍卖费并非必然发生的费用亦不同意支付。

【案件焦点】

担保人承担担保责任后，是否有权向债务人主张代偿款的资金占用费，是否有权就承担担保责任中产生的房屋评估费向债务人追偿。

【法院裁判要旨】

北京市朝阳区人民法院经审理认为：根据已查明的事实，唐某以其名下房屋为某资产公司向潘某某借款提供房产抵押担保，各方办理了抵押登记，因某资产公司不履行到期债务，潘某某有权就某资产公司尚欠的借款本息主张实现抵押权，并可就设定抵押的房屋以拍卖、变卖所得价款在登记的债权数额范围内优先受偿。现唐某作为抵押人已经在抵押担保范围内承担了担保责任，其有权在实际承担责任范围内向债务人某资产公司追偿。故，法院对唐某要求某资产公司偿还 2100 万元的诉讼请求予以支持。某资产公司逾期还款客观上给唐某造成了资金损失，现唐某主张某资产公司按照同期贷款利率支付资金占用费，有事实及法律依据，法院予以支持。但因同期贷款利率自 2019 年 8 月 20 日起停止适用，故法院对利率标准予以调整。关于评估费，该费用主要系因某资产公司未履行生效判决确定的还款义务给唐某造成的损失，故唐某要求某资产公司赔偿评估费的诉讼请求有事实及法律依据，法院予以支持。

北京市朝阳区人民法院判决如下：

一、被告某资产公司于本判决生效之日起十日内向原告唐某支付代偿款 2100 万元；

二、被告某资产公司于本判决生效之日起十日内向原告唐某支付评估费 46105 元；

三、被告某资产公司于本判决生效之日起十日内向原告唐某支付资金占用期间的利息损失（以 2100 万元为基数，自 2020 年 8 月 19 日起至实际给付之日止，按照全国银行间同业拆借中心公布的一年期贷款市场报价利率标准计算）；

四、驳回原告唐某的其他诉讼请求。

某资产公司不服一审判决，提出上诉。北京市第三中级人民法院同意一审法院裁判意见，依照《中华人民共和国民事诉讼法》第一百七十条第一款第一项之规定，作出如下判决：

驳回上诉，维持原判。

【法官后语】

本案主要涉及担保追偿权的行使条件、行使范围的认定问题。

一、担保追偿权的行使条件

一是担保人已经向债权人承担了全部或部分担保责任；二是债务人因担保人承担了担保责任而全部或部分免责，担保人承担担保责任与债务人责任消灭之间具有因果关系；三是担保人追偿权的范围限于其承担担保责任的范围内；四是担保人的履行行为无过错，如保证人本应可以行使债务人的抗辩权而未行使，例如主债权已过诉讼时效期间，那么担保人承担保证责任后也不必然可以向债务人进行追偿。

二、追偿权的行使范围限定为“债务人应承担的责任范围”

关于追偿权的行使范围。《中华人民共和国民法典》第七百条及《最高人民法院关于适用〈中华人民共和国民法典〉有关担保制度的解释》第三条将原《最高人民法院关于适用〈中华人民共和国担保法〉若干问题的解释》第四十三条规定的“主债权范围内”变更为“债务人应当承担的责任范围”，该表述的变化主要是因为狭义的主债权范围一般仅指借款本金，如果担保人代偿时还支付了借款合同项下的利息、罚息、违约金等，限制担保人就上述款项进行追偿，不利于对担保人权利的保护，因此只要是借款合同项下债务人应当承担的合理债务，担保人实际代偿后均有权向债务人进行追偿。

值得注意的是，如担保人承担的担保责任超过了债务人应当承担的责任范围，例如担保人所支付的债务中利息、违约金等超过了民间借贷利率上限，担保人此时本可以行使债务人的抗辩权，但担保人并未行使，那么就多承担的责任部分，债权人构成不当得利，担保人有权向债权人主张返还。

三、担保人因承担担保责任所遭受的合理损失及资金占用利息有权向债务人追偿

实践中，债务人与担保人之间可能存在委托担保、委托保证等合同关系，尤其是专业的融资担保公司，往往对担保追偿的范围进行了明确约定。在债务人

与担保人之间存在委托关系时，参照《中华人民共和国民法典》第九百二十一条有关委托代理之规定，担保人承担担保责任所支付的债务本金、利息、违约金等其他费用均属于处理委托事务的范畴，对于承担担保责任后的资金占用利息，如委托合同中约定了承担担保责任后的资金占用利息、延迟付款违约金等条款，则担保人有权向债务人主张利息、违约金，但主张的利息、违约金不得超过法律规定上限；如未约定或约定不明，则担保人不能主张违约金，但考虑到担保人承担担保责任后资金成本客观存在，如完全不支持利息损失，有违公平原则，利息标准调整为同期贷款利率或按照全国银行间同业拆借中心公布的贷款市场报价利率标准为宜。

如债务人与担保人之间并未签订委托合同，则担保人和债务人之间是无因管理关系。参照《中华人民共和国民法典》第九百七十九条之规定，管理人因管理事务受到损失的，可以请求受益人给予适当补偿。因此，担保人承担担保责任后，亦有权要求债务人支付资金占用期间的利息。

对于本案中唐某主张的房屋评估费，虽然唐某并未通过司法拍卖形式处置房屋，但该费用确系因某资产公司未履行生效判决确定的还款义务而给唐某造成的损失，唐某亦实际承担了该部分损失，唐某有权就该部分合理损失向债务人某资产公司追偿。

编写人：北京市朝阳区人民法院　刘茹

35

抵押人追偿范围的司法认定

——周某某与某机电公司等追偿权案

【案件基本信息】

1. 裁判书字号

重庆市第五中级人民法院（2023）渝05民终10824号民事判决书

2. 案由：追偿权纠纷

3. 当事人

原告（被上诉人）：周某某、周某

被告（上诉人）：某机电公司、甲置业公司、乙置业公司、某投资公司、吴某某、薛某某、蒋某某、眭某某、某实业公司

【基本案情】

2016 年 11 月 16 日，周某某与某机电公司、甲置业公司等签订《抵押融资合作协议》，约定：周某某同意于本协议签订之日为某机电公司向某银行申请人民币 1500 万元短期流动资金贷款提供抵押担保；某机电公司应当按照协议约定向周某某支付担保费用，作为其提供抵押担保的条件，并由甲置业公司等按照协议约定向周某某提供反担保；如某机电公司未能按照主合同的约定按时、足额偿还贷款本息，导致银行在实现债权时对抵押物进行拍卖或变卖的，由此给周某某造成损失的赔偿金按如下方式计算：按抵押物市场价值（抵押物权证记载的建筑面积×22000 元/平方米）加上抵押物五年租金（抵押物权证记载的建筑面积×100 元/平方米/月×60 月）之和计算；某机电公司、甲置业公司应在抵押物被拍卖或变卖之日连带进行赔偿，并自该日起按照月利率 2%的标准支付资金占用损失。同日，甲置业公司等分别出具股东会决议，同意为某机电公司抵押融资一事为周某某提供保证反担保，担保形式为连带责任保证。

因某机电公司未按照约定偿还借款本息，某银行遂向重庆市沙坪坝区人民法院起诉，要求某机电公司清偿贷款本金 1350 万元及罚息、复利等，并要求对周某某所有的位于重庆市渝北区的某公寓享有优先受偿权等。后法院作出判决，判定某机电公司偿还某银行截至 2019 年 9 月 16 日的借款本金 12898620.49 元及罚息、复利等；某银行对周某某所有的位于重庆市渝北区的某公寓在本案债权范围内享有优先受偿权等。后某银行申请强制执行。法院依法对周某某名下的上述房产进行了司法拍卖，并于 2022 年 11 月 16 日拍卖成交，成交价格为 10005352 元。拍卖之前，法院依法委托重庆某资产评估房地产土地估价有限公司对上述房屋进行司法评估。重庆某资产评估房地产土地估价有限公司作出

《房地产估价报告》，在评估基准日（2022年7月25日），单价为7100元/平方米，房屋总价为17866700元。

周某某结合合同约定，考虑到本案的实际情况以及法院在抵押房屋拍卖程序中委托专业评估机构出具的《房地产估价报告》，自愿调整按该估价报告17866700元的估价结果来确定被拍卖的抵押房屋的实际损失金额，并在未超过该损失金额130%（23226710元）的范围内，主张其追偿权的赔偿金18500000元。

【案件焦点】

抵押人提供的担保房产被拍卖后，其向债务人行使追偿权时的追偿范围如何界定。

【法院裁判要旨】

重庆市南岸区人民法院经审理认为：根据《中华人民共和国民法典》第七百条的规定："保证人承担保证责任后，除当事人另有约定外，有权在其承担保证责任的范围内向债务人追偿，享有债权人对债务人的权利，但是不得损害债权人的利益"。同时根据《最高人民法院关于适用〈中华人民共和国民法典〉担保制度的解释》第十八条的规定，承担了担保责任的担保人，可在其承担责任的范围内向债务人追偿，将追偿权的适用情形从保证扩展到了所有担保类型。在此基础上，《最高人民法院关于适用〈中华人民共和国民法典〉担保制度的解释》第二十条还规定了人民法院在审理第三人提供的物的担保纠纷案件时，可以适用《中华人民共和国民法典》第七百条等关于保证合同的规定。由此可知，承担了物的担保责任的担保人可向债务人追偿，法院应当支持。

关于追偿权的范围。根据上述法律规定，原则上追偿权的权利人向债务人追偿时，追偿的范围限定于其承担保证责任的范围内，但如果当事人另有约定时，则应当充分尊重当事人间的约定。《抵押融资合作协议》约定的赔偿金，包括了抵押物自身的市场价值即所有权权益，也融入了租金价值即使用权权益，该种情况下的赔偿计算实际为抵押物各类权益价值的换算。结合《抵押融资合作协议》约定，抵押物的市场价值应当为案涉抵押物在强制执行程序中，由法院委托重庆某资产评估房地产土地估价有限公司确定的价值，即 17866700 元。理由为：虽然案涉抵押物最终的成交价格为 10005352 元，但该价格是在法院的主导下、按照民事执行强制程序的要求形成的一种价值兑现结果，这种交易方式显然有别于正常情形下的市场交易方式。首先，司法拍卖程序的起拍价参照评估价，可在不低于评估价 70%的基础上起拍，一拍不成在一拍价格基础上降低 20%范围内进行二拍，二拍不成可进入变卖程序，也可进行三拍，整个程序的推进、议价都是按照既定规则进行，且必须在法定期限内完成；同时，对买受人价款的支付方面也有要求，必须在法院限定的时间内全额付清。此外，参加竞拍的主体参拍时还应缴纳一定数额的保证金。司法成交价格更多的是特定主体在特定时间范围内、按照特定竞价方式促成的房屋兑现价，是各方主体根据司法拍卖规则妥协下的合意选择，该价格显然不能体现为市场价值。而在开放的市场交易方式过程中，权利人可根据自身房屋价值设定交易方式和交易规则，价格调整幅度自由进行，不受具体时间、买受人类型等因素的约束，款项支付方式可选择一次性付款、分期付款、抵押贷款等多种类型，充分体现了交易自由。相关机构在评估房屋价格之时，也更多的是通过参考市场交易模式的价格基础确定具体拍卖房屋的市场价值。因此，司法评估机构确定的评估价更接近于市场价。现周某、周某某在上述协议约定的范围内自愿调减为 18500000 元，属法律允许范围之内，法院予以支持。

重庆市南岸区人民法院依照《中华人民共和国民法典》第五百零九条、第五百七十七条、第五百八十四条、第五百八十五条、第六百八十一条、第六百八十八条、第七百条，《最高人民法院关于适用〈中华人民共和国民法典〉担保制度的解释》第十七条、第十八条、第二十条之规定，判决如下：

一、被告某机电公司于判决生效之日起十日内向原告周某某支付赔偿金 18500000 元，并支付资金占用损失；

二、被告某机电公司于本判决生效之日起十日内向原告周某某支付律师费 50000 元；

三、被告甲置业公司等对被告某机电公司的上述债务向原告周某某承担连带清偿责任；

四、驳回原告周某某的其他诉讼请求。

一审宣判后，双方均提起上诉。

重庆市第五中级人民法院作出判决：

驳回上诉，维持原判。

【法官后语】

一、抵押人追偿时的观点分歧

保证人向债权人承担责任后向债务人行使追偿权时，已由民法典作出了明确规定，追偿范围较易明确和量化。保证人承担保证责任之时，多以金钱代债务人向债权人清偿债务，保证人的代偿金额即为其可追偿的范围，司法实践已经就此形成统一的裁判标准。然而在以特定房产等提供抵押担保的情况下，物业的价值并非恒定不变的，抵押人对其享有的权益也处浮动状态。以房产等不动产提供抵押担保的抵押人代替债务人清偿债务后，向债务人追偿时虽可根据《最高人民法院关于适用〈中华人民共和国民法典〉有关担保制度的解释》的规定，参照保证人的追偿方式和路径进行，但因所提供担保的房产等不动产存在订立担保合同之时的债权人预估价格、执行评估价格、执行拍卖价格等，极易在认定物保人追偿范围时产生分歧。尤其是在抵押人与债务人明确约定了追偿金额或追偿损失计算方式的情况下，究竟以何标准和尺度确定追偿范围，既是司法裁决时的争议，更是法官评判时的困惑。一种观点认为，追偿权以填补损失为基础，房产拍卖之时成交的金额就是抵押人的损失，故追偿权的范围和金额就是前述成交金额，无须考虑合同约定的范围或其他参考价值；另一种观点则认为，在有偿担保的情况下，担保已不再是传统民法意义上的增信举措，而是市场交易模式下的商事活动，应当充分尊重合同约定，保护契约精神，在合法合理的价值内应当不拘泥于房屋的成交金额，抵押人可在合同约定的幅度内主张相应金额。

二、在合同基础上运用市场交易思维辨别抵押物价值

本案中，抵押物为商铺，不仅具有其本身的所有权价值，同时还内存着其

使用权价值即租赁价值，商品属性显著。抵押物既有静态的所有权价值，也有动态的使用权价值。基于上述特征，周某某与某机电公司订立《抵押融资合作协议》时，明确约定了其抵押物被拍卖后的赔偿金额计算方式，即按抵押物市场价值（抵押物权证记载的建筑面积×22000 元/平方米）加上抵押物五年租金（抵押物权证记载的建筑面积×100 元/平方米/月×60 月）之和计算。该约定是两方经过多轮磋商后充分协商的结果，也是理性经济人参加商事活动中做出的判断取舍，其不再局限于传统的民事担保模式，而是体现了更多商事交易活动的风险与收益并存的市场化模式。无论是抵押物自身价值的计算标准，还是抵押物出租单价，都没有偏离合同缔结时即 2016 年的市场行情，具有充分的市场性、合理性。在抵押物被强制执行后，如果以执行程序中的拍卖成交价为周某某的追偿范围，显然不能兼顾抵押房产的商品属性，且也背离了抵押担保合同关于追偿范围的约定。

抵押物通过人民法院执行程序拍卖后清偿债务人的债务时，其成交价是按照民事执行强制程序的规定形成的一种价值兑现方式。该成交价格是特定主体在特定时间范围内、按照特定竞价方式促成的房屋兑现价，是各方主体根据司法拍卖规则妥协下的合意选择，未经过开放状态下充分的市场竞争，显然不能等同于市场价值。此时的拍卖价格显然不能实际反映出抵押人对抵押物的真实价值损失。而执行程序中选定的中介机构在评估房屋价格时，则是在市场交易模式的基础上，充分考量市场行情、周边环境、地段、品质等因素后按照既有成熟的计价方式确定的，相对更接近于房屋的市场价值。基于此，在合同约定的损失计算范围内，抵押人主张按照房屋评估价行使追偿权，人民法院应予支持。本案的裁判思路为抵押人行使追偿权提供了参考性指引。

编写人：重庆市南岸区人民法院　王烁　李明刚

36

民法典实施前抵押优先受偿未获支持，民法典实施后又诉请确认抵押预登记效力的分析认定

——某银行诉张某某等金融借款合同案

【案件基本信息】

1. 裁判书字号

山东省昌乐县人民法院（2023）鲁0725民初3305号民事裁定书

2. 案由：金融借款合同纠纷

3. 当事人

原告：某银行

被告：张某某、某担保公司、某房地产公司

【基本案情】

2011年11月3日，某银行与张某某签订借款合同，约定向原告贷款168000元用于购房，借款期限240个月，以昌乐县建设路某室作为抵押，并办理了预抵押登记。某担保公司、某房地产公司承担保证责任。现借款人未按合同约定的还款期限按时偿还借款，构成违约。某房地产公司已经取得不动产权证，并办理建筑物所有权首次登记，且不存在预告登记失效等情形。

原告某银行诉至法院，于2019年7月12日立案，原告诉请对案涉抵押物优先受偿，被告某担保公司、被告某房地产公司承担连带责任保证。后法院于2019年9月10日作出民事调解，认定：被告张某某欠原告某银行借款本金128620.67元及利息（利息自2019年9月6日按照贷款合同约定利率计算至借款实际偿还之日止），被告张某某自2019年9月6日起按个人住房（商业用

房）借款合同约定履行偿还借款本息义务；若被告张某某未按个人住房（商业用房）借款合同约定履行还款义务，原告某银行有权对全部欠款本息申请执行；被告某房地产公司对被告张某某的借款本息承担连带担保责任，至抵押物他项权利证书办理完成之日止；被告某担保公司对被告张某某的借款本息承担连带担保责任。

2023 年 7 月 6 日，原告某银行向法院再次提出诉讼，请求确认原告的抵押权自办理预告登记之日设立，原告对案涉抵押物优先受偿；请求判令被告某担保公司、被告某房地产公司承担连带责任保证。

【案件焦点】

民法典实施前原裁判或调解书未支持抵押权优先受偿，新担保制度解释实施后原告诉请抵押预登记效力的认定。

【法院裁判要旨】

山东省昌乐县人民法院经审理认为：原告某银行与被告张某某、某担保公司、某房地产公司金融借款合同纠纷案，法院曾于 2019 年 7 月 12 日立案，于 2019 年 9 月 10 日作出（2019）鲁 0725 民初 2148 号民事调解书。《中华人民共和国民事诉讼法》第一百二十七条第五项规定："对判决、裁定、调解书已经发生法律效力的案件，当事人又起诉的，告知原告申请再审，但人民法院准许撤诉的裁定除外。"即当事人就已经提起诉讼的事项在诉讼过程中或者裁判生效后再次起诉，同时符合构成重复起诉的条件：后诉与前诉的当事人相同；后诉与前诉的诉讼标的相同；后诉与前诉的诉讼请求相同，或者后诉的诉讼请求实质上否定前诉裁判结果。当事人重复起诉的，裁定不予受理；已经受理的，裁定驳回起诉。该案涉调解书已经发生效力，当事人又起诉，原告可申请再审，裁定驳回起诉。

山东省昌乐县人民法院裁定如下：

驳回原告某银行的起诉。

【法官后语】

本案所涉及的是民法典实施前，原告诉求对抵押物享有优先受偿权，原裁判或调解书未支持抵押权优先受偿，新担保制度解释实施后原告诉请抵押预登记效力如何处分的分析认定。《中华人民共和国民法典》施行前的法律事实引起的民事纠纷案件，当时的法律、司法解释没有规定而民法有规定的，可以适用《中华人民共和国民法典》的规定，但是明显减损当事人合法权益，增加当事人法定义务或者背离当事人合理预期的除外。民法典实施前暨新担保制度解释实施前，对仅办理抵押预登记的抵押财产一般裁判抵押权人不享有优先受偿权，新法实施后，裁判标准发生变化，“当事人办理抵押预告登记后，预告登记权利人请求就抵押财产优先受偿，经审查已经办理建筑物所有权首次登记，且不存在预告登记失效等情形的，人民法院应予支持”。抵押权人如何维护自己的权益，成为裁判者不能忽略的问题，在审判实践中新担保制度解释实施后原告诉请抵押预登记效力如何处分应从以下方面进行标准掌握。

一、不予受理或驳回起诉的情形

1. 银行第一次起诉时要求优先受偿法院判决未支持或者调解中未涉及抵押权的效力认定，银行在民法典实施后，起诉要求确定抵押权效力实现优先受偿权。即当事人就已经提起诉讼的事项在诉讼过程中或者裁判生效后再次起诉，同时符合构成重复起诉的条件：后诉与前诉的当事人相同；后诉与前诉的诉讼标的相同；后诉与前诉的诉讼请求相同，或者后诉的诉讼请求实质上否定前诉裁判结果。当事人重复起诉的，裁定不予受理；已经受理的，裁定驳回起诉。《最高人民法院关于适用〈中华人民共和国民事诉讼法〉的解释》从判断标准和例外情形正反两方面对“一事不再理”原则作出了阐述。

2. 银行第一次起诉时要求确定抵押权的优先受偿权，法院判决未支持或者调解中未涉及抵押权的效力认定，银行在民法典实施后，原告通过特殊程序即可对担保物权实现优先受偿权。应正确理解和适用“一事不再理”原则，应遵循主客观统一的构成标准整体把握该两条的立法原意和实质要求。“后诉与前诉的当事人相同”，不能简单从形式上、文义上理解为当事人数量、地位的完全相同，在适用时应作目的解释，即结合争议诉讼标的，新增的诉讼标的、诉讼请求依附于前诉的诉讼标的、诉讼请求，在生效判决已经驳回前诉诉讼请求，即对前诉所涉优先受偿的诉请不予支持的裁判结果生效的情况下，后诉通过特殊程序实现担保物权纠纷，实质上是否定前诉的裁判结果，因此，本案与前诉的诉讼标的、诉讼请求存在同一性，亦参照一审不再审，不予受理。

二、予以支持的情形

银行第一次起诉时只要求偿还欠款未要求确定抵押权的效力，法院判决未涉及抵押权或者调解中未涉及抵押权，银行在民法典实施后，起诉要求确定抵押权效力或通过特殊程序即实现担保物权纠纷实现优先受偿权。即银行提起的诉涉及新的法律关系，诉讼标的和诉讼请求都不重复，不符合重复起诉的构成要件。当事人办理抵押预告登记后，预告登记权利人请求就抵押财产优先受偿，经审查存在尚未办理建筑物所有权首次登记、预告登记的财产与办理建筑物所有权首次登记时的财产不一致、抵押预告登记已经失效等情形，导致不具备办理抵押登记条件的，人民法院不予支持；经审查已经办理建筑物所有权首次登记，且不存在预告登记失效等情形的，人民法院应予支持，并应当认定抵押权自预告登记之日起设立。

三、诉讼时效的考量

第二次起诉是否考虑诉讼时效问题，主债权诉讼时效期间届满后，抵押权人主张行使抵押权的，人民法院不予支持；抵押人以主债权诉讼时效期间届满为由，主张不承担担保责任的，人民法院应予支持。主债权诉讼时效期间届满前，债权人仅对债务人提起诉讼，经人民法院判决或者调解后未在民事诉讼法规定的申请执行时效期间内对债务人申请强制执行，其向抵押人主张行使抵押权的，人民法院不予支持。

因确定裁判是对特定时点上当事人之间实体法律关系状态的判断，故确定判决仅对基准时之前发生的事项具有既判力，对基准时之后的事项没有既判力。提供阶段担保的开发商，就如同在判决后，部分履行，法律事实发生了变化，但结合法律溯及力规则，不宜再进行诉求或申请案件再审。如果抵押权人不通过实现担保物权纠纷主张优先受偿权，根据民事诉讼法规定，担保人作为利害关系人提出实现担保物权纠纷，对预抵押的效力认可可以推定开发商阶段性担保的终止，系新的履行情况，可以抗辩连带责任。新担保制度解释实施后在审判实践中如何掌握原告再次提出诉请抵押预登记效力，有利于梳理阶段性担保和预抵押之间“割不断理还乱”的“罗生门”，“举一纲万目张”，利于房地产市场健康有序发展。

编写人：山东省昌乐县人民法院　刘文强　胡希斌

37

商品房销售合同解除在先，预抵押房产不能优先受偿

——某银行诉缪某某、某地产公司金融借款合同案

【案件基本信息】

1. 裁判书字号

福建省永泰县人民法院（2023）闽0125民初594号民事判决书

2. 案由：金融借款合同纠纷

3. 当事人

原告：某银行

被告：缪某某、某地产公司

【基本案情】

2015年5月29日，缪某某因购房需要向某银行申请按揭贷款。2015年11月11日，某银行、缪某某、某地产公司共同签订《个人购房担保借款合同》，约定借款280000元，借款期限240个月，借款利率5.65%，还款方式为等额本

金按月还款，若未按约还款应支付罚息、复利、赔偿相应损失；某地产公司提供阶段性连带保证担保至缪某某取得房产权属证书并办妥抵押登记手续止。2015年6月5日，双方就案涉房产办理预售商品房抵押权预告登记。贷款发放后，缪某某自2022年6月起未按约还款。某银行遂于2023年2月2日诉至法院，要求缪某某还本付息、承担银行为实现债权支出的相关费用、对预抵押房产优先受偿、某地产公司承担连带清偿责任。

另查明，案涉房产所在项目已于2016年办理建筑物所有权首次登记。因缪某某未能按约向银行还款，导致某地产公司承担保证责任垫付部分按揭款，故某地产公司于2022年9月2日提起诉讼，法院于2022年11月30日作出判决，解除双方之间的《商品房买卖合同》。

【案件焦点】

1. 某银行能否就预抵押房产优先受偿；2. 某地产公司是否应当承担连带保证责任。

【法院裁判要旨】

福建省永泰县人民法院经审理认为：缪某某与某地产公司签订的《商品房买卖合同》已被判决解除，那么基于该合同设立的将来以缪某某为权利人的不动产物权将不可能实现，以缪某某为义务人的抵押登记也不可能实现，根据《最高人民法院关于适用〈中华人民共和国民法典〉有关担保制度的解释》第五十二条第一款“当事人办理抵押预告登记后，预告登记权利人请求就抵押财产优先受偿，经审查存在尚未办理建筑物所有权首次登记、预告登记的财产与办理建筑物所有权首次登记时的财产不一致、抵押预告登记已经失效等情形，导致不具备办理抵押登记条件的，人民法院不予支持”的规定，某银行就案涉房产办理抵押登记的条件将不能成就，故其诉请就案涉房产优先受偿的主张无事实和法律依据。根据《个人购房担保借款合同》约定，某地产公司的阶段性保证责任至“借款人取得房产权属证书，并办妥以贷款人为抵押权人的抵押登记手续完成之日止”，故某地产公司仍应承担连带保证责任。

福建省永泰县人民法院判决如下：

一、缪某某应于本判决生效之日起十日内偿还某银行借款183166.39元及利息、复利、罚息1436.52元（利息、复利、罚息暂计至2022年7月25日，此后按《个人购房担保借款合同》约定计至借款本息还清之日止）；

二、缪某某应于本判决生效之日起十日内支付某银行律师代理费2346元；

三、某地产公司对以上第一、二项款项承担连带清偿责任，承担连带责任后，有权在其承担保证责任的范围内向缪某某追偿；

四、缪某某、某地产公司应于本判决生效之日起十日内支付某银行财产保全案件申请费1454元、公告费260元；

五、驳回某银行的其他诉讼请求。

宣判后，原、被告均未提出上诉，判决已发生法律效力。

【法官后语】

人民法院在审理金融借款合同纠纷案件中，审查银行能否就预抵押的房产优先受偿时，应依据《最高人民法院关于适用〈中华人民共和国民法典〉有关担保制度的解释》第五十二条（以下简称担保制度司法解释第五十二条），从“已经办理建筑物所有权首次登记，且不存在预告登记失效等情形”两个正向条件，以及“尚未办理建筑物所有权首次登记、预告登记的财产与办理建筑物所有权首次登记时的财产不一致、抵押预告登记已经失效等情形”三个负向条件，及“导致不具备办理抵押登记条件”这一兜底条款入手，逐一分析审查，以确定银行是否可以优先受偿。

一、当前主流审判思路

担保制度司法解释第五十二条第一款的实施成为法院判决银行能否优先受偿以及开发商是否承担阶段性保证责任的分水岭。此前，遵循最高法的公报案例，法院一致认为抵押预告登记不同于抵押登记，不能直接判定享有抵押物优先受偿权，但可以在判决办理抵押正式登记后优先受偿。该司法解释出台后，就未办理首登的案件，法院一律不支持银行优先受偿。但在已办首登未办产权证的情况下，存在不支持优先受偿，由开发商继续承担阶段性保证责任；支持优先受偿，阶段性保证责任免除；支持优先受偿并承担阶段性保证责任等三种判决。即便在“已办理首登未办证”情况下，还存在三个方面的分歧：第一，抵押预告登记是否失效；一种认为应当以预抵押房产权利人可办理或知道可办理抵押登记之日起九十日后，另一种认为应是开发商办理首登之日起九十日后。第二，抵押和阶段性保证之间的关系，主流观点认为“是非此即彼关系”；另一种认为没有必然关系，应当依据合同约定。第三，阶段性保证责任的截止时间，大部分认为应是“首登”之日，一些认为应当尊重合同约定，个别认为在抵押登记手续办妥或法院限定的协助办理期限届满后免除。

二、预抵押房产能否优先受偿的重点考量因素

关于预抵押房产优先受偿的法律适用，主要涉及《中华人民共和国民法典》第二百二十一条第二款、《最高人民法院关于适用〈中华人民共和国民法典〉物权编的解释（一）》第五条、担保制度司法解释第五十二条第一款、《最高人民法院关于审理商品房买卖合同纠纷案件适用法律若干问题的解释》第二十条等。在案件类型上主要有四种：（1）开发商请求解除商品房销售合同，银行作为有独立请求权的第三人主张开发商直接返还购房款；（2）开发商请求解除商品房销售合同，同时银行诉请解除贷款担保合同；（3）商品房销售合同和贷款担保合同均继续履行，银行诉请优先受偿、开发商承担阶段性保证责任；（4）商品房销售合同已解除，银行另案诉请购房者返还借款、就预抵押房产优先受偿及开发商承担阶段性保证责任。本案就属于第四种。此类案件中，银行并非诉请解除贷款合同，因而，并不适用《最高人民法院关于审理商品房买卖合同纠纷案件适用法律若干问题的解释》第二十条；商品房销售合同已被解除，抵押担保合同却依然有效，根据《最高人民法院关于适用〈中华人民共和国民法典〉物权编的解释（一）》第五条规定，“债权消灭”的事由是预告登记的买卖不动产物权的协议被认定无效、被撤销，或者预告登记的权利人放弃债权，并未包含合同被“解除”，因此，《最高人民法院关于适用〈中华人民共和国民法典〉物权编的解释（一）》第五条亦不适用。故而，该类案件主要适用《中华人民共和国民法典》第二百二十一条第二款和担保制度司法解释第

五十二条第一款。

（一）预告登记失效

《中华人民共和国民法典》第二百二十一条规定的“预告登记失效”包括债权消灭和自能够进行不动产登记之日起九十日内未申请登记。关于债权消灭，《最高人民法院关于适用〈中华人民共和国民法典〉物权编的解释（一）》第五条规定了合同被认定无效、被撤销，或权利人放弃债权，但并未包含合同被解除的情形。关于超过时效，主流观点认为，在商品房预售和贷款担保合同关系中，预售预告登记的权利人是购房者，但能否申请所有权登记受制于开发商是否办理了首登；抵押预告登记的权利人是银行，但能否申请抵押登记受制于购房者是否办理产权证。因此，判断是否超过申请期限，应综合考量抵押登记条件是否成就、不能成就的原因是否可归责于银行等因素。

（二）不具备办理抵押登记条件

抵押预告登记的基础债权包含“未来物权的实现”和“未来抵押权的实现”。因此，抵押预告登记不同于预售预告登记，其债权基础包括商品房销售合同和抵押合同。当商品房销售合同和抵押合同均解除时，法院可根据《最高人民法院关于审理商品房买卖合同纠纷案件适用法律若干问题的解释》第二十条规定，分别就两个合同解除的法律后果作出相应的审理。但，当商品房销售合同解除但抵押合同继续履行时，在商品房销售合同关系中，开发商和购房者互负责任之后，双方之间的债权消灭；而，贷款担保合同继续履行，银行和借款人（购房者）之间的债权并未消灭，此时，作为预售预告登记权利人的购房者将不可能再成为标的房产的所有权人，自然不能以“他人”（开发商所有）的房产抵押。据此，一旦商品房销售合同被解除，不论贷款担保合同是否继续履行，都应当认为预售预告登记和抵押预告登记都因失去依托的基础而不可实现。该不可实现，并非因债权消灭，而是因不具备办理本登记条件。

（三）开发商与购房者恶意串通

在商品房预售中还存在开发商与买受人恶意串通，以虚假商品房销售合同骗取银行抵押贷款，借款由开发商使用，当借款无法清偿时，开发商以解除商品房销售合同为由阻止办理抵押本登记、排除银行优先受偿权。对此，最高法认为，银行作为善意第三人无违规放贷等行为，已尽审慎注意义务，虽然预售合同被确认无效，但该无效不能对抗基于信赖预告登记效力而为后续交易的善意第三人，因此抵押预告登记未失效。

三、预抵押房产优先受偿的审查思路

（一）明晰法定要素

考量预抵押房产能否优先受偿的核心是将来抵押权有否设立的可能。根据担保制度司法解释第五十二条，要考量三个“反向条件”、一个兜底条款及两个“正向条件”。其中，“反向条件”和兜底条款即首登未办理、预登记财产与首登不一致、抵押预告登记失效、不具备办理登记条件；“正向条件”包含已办理首登、预告登记未失效。在“反向条件”的“抵押预告登记失效”上包含“债权消灭”“超过申请登记时效”两项；“债权消灭”又包含合同无效、被撤销以及权利人放弃三个方面。在“正向条件”的“预告登记未失效”上，需考量“预售预告登记未失效”和“抵押预告登记未失效”两项。因此，法官在判断预抵押房产是否可以优先受偿时，实际需要考虑十项法律明确规定的要素。

（二）专项分析重点要素

审判实务中因审查要素多，且“反向条件”和“正向条件”并非一一对应，因此往往容易忽略重点要素的审查。

1. 预告登记是否有效。在不能优先受偿上，只需审查“抵押预告登记”是否失效，预售预告登记仍可有效。而，可以优先受偿而言，则需同时审查“预售预告登记”和“抵押预告登记”是否都有效，但凡有一项失效，则不能优先受偿。

2. 预告登记与首登不一致。在认定不能优先受偿时，预登记财产与首登财产不一致是“不具备登记条件”的详细情形，直观明了。但，在认定可以优先受偿时，法条并未写明该必要前提，实践中该问题出现的比率也相对较低，因此常被法官忽略。

3. 不具备登记条件。不能优先受偿的要素中，未办理首登、抵押预告登记失效、登记不一致都是“不具备办理登记条件”情形的列举，法条以“等”字，表明了条文并未逐一列举所有情形，如本案。因此，法官还应重点审查“是否具备办理登记条件”。

（三）排除例外情形

对于开发商与买受人恶意串通骗取银行抵押贷款，再以预售合同解除排除银行优先受偿等例外情形，法官审理时应注重审查开发商与购房者是否恶意串通损害银行利益以及银行是否尽到审慎注意义务。对于这两项的审查，应由银行举证证明开发商与购房者恶意串通及银行已尽审慎注意义务。

编写人：福建省永泰县人民法院 连娜

38

以未成年人个人财产设定抵押的效力认定规则

——王某某诉付某某等借款合同案

【案件基本信息】

1. 裁判书字号

北京市第三中级人民法院（2024）京 03 民终 1749 号民事判决书

2. 案由：借款合同纠纷

3. 当事人

原告（上诉人）：王某某

被告（被上诉人）：付某某、付某、赵某

【基本案情】

赵某与付某系夫妻关系，付某某系二人之子，借款发生时付某某尚未年满16周岁。

2022 年 9 月 3 日，王某某与付某某、付某、赵某签订《借款合同》《借条》，约定付某某因家庭支出向王某某借款 3000000 元，借款期限为 2 个月，借款利率为每月按全部借款金额的 1.2% 计算（每年 14.4%）。付某某以其名下 362 号房屋作抵押，并办理了抵押登记。付某、赵某自愿为乙方的借款提供连带责任保证担保。当日，王某某通过案外人张某某向赵某账户支付 2600000 元，赵某出具收条予以确认。

362 号房屋档案显示，该房屋系由付某某的母亲赵某与常某某（付某某奶奶）通过买卖的方式过户至付某某名下，房屋成交价为 1 万元。《主债权及不动产抵押合同》由抵押权人王某某、抵押人付某某及其代理人赵某签字，该合同后附一份《抵押被监护人财产承诺书》，载明“362 房产，产权人付某某，现未成年，现做此房产不动产抵押业务，本人作为其监护人，承诺此处房屋抵押贷款，只限用于改善住房环境，不挪作他用。声明人：赵某”。

后付某某、付某、赵某未按期偿还借款。王某某诉至法院，认可收到还款 104000 元，并将其作为本金进行冲抵，请求付某某、赵某、付某向其归还借款本金 2496000 元及利息，并就付某某名下的 362 号房屋行使抵押权。

【案件焦点】

1. 本案借贷合同的成立及效力认定问题；2. 王某某能否就本案所涉房屋行使抵押权。

【法院裁判要旨】

北京市通州区人民法院经审理认为：关于本案借款合同的成立及效力。虽然借款手续上有付某某本人签名捺印，但借款金额巨大，付某某并无相应的借款需求，赵某、付某作为付某某的监护人无权代理付某某实施此种不利民事法律行为，二人以共借人、连带保证人的身份在借款手续中签字，不能当然视为对付某某作为借款人的同意或者追认。案涉借款合同对付某某不发生法律效力。根据双方对借款往来经过的陈述及双方提交的证据，案涉借款合同法律关系发生在赵某与王某某之间。

关于王某某能否就本案所涉房屋行使抵押权。监护人除为维护被监护人利益外，不得处分被监护人财产。本案中，付某某名下的房产是由其祖母常某某以明显低于市价的金额转让，应当视为常某某对付某某的赠与，系付某某个人财产。第一，赵某、付某作为监护人，以未成年人名下房产设定抵押不属于纯获利益的行为，借款用途并非为了未成年的利益，系无权代理行为，无效。第二，《房产抵押合同》作为《借款合同》的从合同，不对付某某发生法律效力。第三，王某某作为完全民事行为能力人，理应知晓与未成年人签署借款合同并接受未成年人名下房产提供抵押担保的法律后果，应当尽到比一般出借人更加严格的审核和注意义务。但事实上，王某某系通过借款中介与付某某一家人相识，并无其他接触，也不了解其家庭情况，难以认定王某某尽到了相应审核义务。

北京市通州区人民法院于 2023 年 11 月 16 日作出（2023）京 0112 民初 10249 号民事判决：

一、被告赵某偿还原告王某某借款本金 2496000 元及利息（以 2496000 元未给付款项为基数，自 2022 年 9 月 3 日起计算至实际给付之日止，按照年利率 14.4%计算）；

二、被告付某就本判决主文第一项确定的债务向原告王某某承担连带保证责任；

三、驳回原告王某某的其他诉讼请求。

一审判决后，王某某提起上诉。

北京市第三中级人民法院同意一审法院裁判意见，于 2024 年 4 月 22 日作出（2024）京 03 民终 1749 号民事判决：

驳回上诉，维持原判。

【法官后语】

如今，未成年人通过赠与、继承等方式取得个人财产的情况越来越多。父母作为未成年人的监护人，对未成年人名下财产进行代管。而现实中，父母出于各种原因以未成年人个人财产设定抵押的现象层出不穷。《中华人民共和国民法典》第三十五条第一款规定："监护人应当按照最有利于被监护人的原则履行监护职责。监护人除为被监护人利益外，不得处分被监护人的财产。"该条规定了父母处分未成年人财产的基本原则，但是较为笼统，对于如何认定父母以未成年人个人财产设定抵押的行为效力问题缺乏明确的裁判指引。在司法实践中，该问题往往成为争议焦点，本案亦是如此。对此问题，本案的主要审理思路如下。

首先，关于父母以未成年人个人财产设定抵押行为的性质。一方面，从付某某的角度分析，根据民法典规定，八周岁以上的未成年人为限制民事行为能力人，实施民事法律行为由其法定代理人代理或者经其法定代理人同意、追认；但是，可以独立实施纯获利益的民事法律行为或者与其年龄、智力相适应的民事法律行为。本案中，虽然付某某在借款合同、抵押合同上签字，但是付某某本身并没有借款需求，将其名下财产进行抵押借款并非纯获利益或者与其年龄、智力相适应的民事法律行为，故付某某不得独立行使此种行为，需要由其法定代理人代理或者同意、追认。同意、追认通常适用于限制民事行为能力人独立实施民事法律行为导致行为效力待定的情形，而本案中付某某与其父母同时在借款抵押材料上签字，因此不能将此视为付某、赵某对付某某借款抵押行为的同意、追认，而只能视为代理。另一方面，从付某、赵某的角度分析，父母虽然系未成年人的监护人和法定代表人，但是未成年子女有其独立人格和独立财产权，对于未成年人的个人财产，父母并不享有所有权，父母以未成年人个人财产设定抵押，系基于其法定代理人身份对未成年人个人财产进行处分，因此该行为性质应当认定为代理，而非法律上的处分。

其次，需要判断该代理行为系有权代理或无权代理。《中华人民共和国民法典》第三十五条第一款对监护权的行使作出了限制，即监护人只能在为被监护人利益的情况下行使监护权，不享有非为被监护人利益的监护权。从这个意义上来看，监护人行使监护权时，只有在"为被监护人利益"的情况下才是有权代理，否则应认定为无权代理。"为被监护人利益"这一表述较为抽象，也没有明确界定的标准，因此需要法院在个案中根据实际情况予以判断。为未成年人的个人财产设定抵押本身就是一个高风险性的行为，因此应当对“为被监护人利益”进行较为限缩的解释。通常认为，若抵押所担保的借款系直接用于未成年人的生活、学习、教育或医疗等方面，则可以认定为“为被监护人利益”。本案中，借款合同上载明的借款用途为“家庭支出”，且不论此种通过家庭利益间接有利于未成年人的情形是否能认定为“为维护被监护人利益”，实际上，根据本案查明的事实，涉案借款实际上是由赵某转借给了其弟弟使用。因此，从实际结果上来看，涉案借款并非有利于付某某利益，难以将该抵押行为认定为“为被监护人利益”，因此该抵押行为的性质应为无权代理。

最后，在定性为无权代理的基础上，认定抵押行为的效力。通常来讲，无权代理行为效力待定，在构成表见代理的情况下，行为有效。

第一，关于该抵押行为是否构成表见代理。与普通代理不同，父母作为法定代理人代理未成年人作出民事法律行为的权限已经由法律明确规定，即“为被监护人利益”，因此应当视为公众对该权限均已知悉，相对人善意的范围仅限于其已经就抵押借款用途是否“为被监护人利益”尽到合理审查义务的情形。在上述前提下，相对人作为完全民事行为能力人，理应知晓与未成年人签署借款合同并接受未成年人个人财产提供抵押担保的法律后果，在出借和接受抵押时应当尽到比一般情形更加严格的审核和注意义务，如合理审查未成年人名下财产的来源、借款的真正用途等。在本案中，王某某与付某某一家人系通过借款中介相识，在此前并未有过接触，王某某也并不了解其家庭情况，并未对借款真实用途进行审核，因此无法认定其为善意，不能构成表见代理。

第二，若不构成表见代理，则为狭义无权代理，效力待定，需由权利人追认或拒绝。然而，未成年人在成为完全民事行为能力人之前无法做出相应意思表示，其父母作为该抵押行为的无权代理人也无权代未成年人做出相应意思表示，这就导致该法律行为可能长期处于效力待定的法律效力，这不利于维护市场秩序的稳定，也会使未成年人财产权益长期处于不确定状态。因此，就需要法院对该行为的效力进行确认，此时就涉及对未成年人利益与交易安全、相对人利益的价值衡量问题。在我国法律中，多处体现出对未成年人的特别保护，原因在于未成年人意思能力不健全，属于弱势群体，在从事法律行为、参与民事法律关系时难以有效维护自身利益，容易受到损害。儿童是祖国的未来、民族的希望，其健康成长关乎国家前途，保护未成年人利益是家庭、社会、国家的共同责任。因此，在价值衡量上，应优先保护未成年人利益，而非倾向于交易安全的维护，以实现对未成年人利益的最大化保障。在此种价值选择之下，应当认定父母以未成年人个人财产设定抵押的行为无效。

编写人：北京市通州区人民法院　秦运瑞　赵菁菁

39

无权处分情形下典当行未尽审查义务不能善意取得抵押权

——某典当行诉于某某典当案

【案件基本信息】

1. 裁判书字号

北京市丰台区人民法院（2023）京0106民初14845号民事判决书

2. 案由：典当纠纷

3. 当事人

原告：某典当行

被告：于某某

第三人：齐某某

【基本案情】

2022年10月14日，于某某与某甲典当行（以下简称某典当行）签订《房地产抵押典当合同》，约定将其所有的坐落于某小区×号楼×层304号（以下简称304号房屋）典当给某典当行获取当金，并约定，于某某应向某典当行提供房屋买卖合同书原件、房屋产权证原件及/或能够证明其对该房屋享有完全处置权的证明文件等。当金为1700000元，为房产评估价格的50%，抵押典当期限自2022年10月14日至2023年4月13日，典当综合费用为每月2.5%，未按期归还当金、支付利息、典当综合费用的每日按照当金数额0.5%支付违约金和相关费用，同时约定了续当、赎当、绝当、抵押房产处分等相关条款，同时约定绝当后应当按照合同约定的标准继续支付典当综合费用和利息。同日，于某某与某典当行（乙方、抵押权人）签订《主债权及不动产最高额抵押合同（不动产登记专用）》，就304号房屋办理抵押登记，并取得不动产登记证明。某典当行出具相应当票，典当期限为一个月，按期支付利息出具续当票，于某某已支付三期利息并出具相应续当票。后因于某某未按约定还款，某典当行诉至法院。

另查，304号房屋为于某某、齐某某夫妻以房屋拆迁所得款共同购买的，产权登记在于某某一人名下，登记原因为绿隔项目房屋，2021年1月13日，于某某取得房屋所有权，共有情况为单独所有，登记类型为补换证登记，登记原因为补证。于某某、齐某某夫妻与家人一直居住至今。

某典当行称其与于某某的典当合同签订、不动产抵押等工作过程中均严格按照规范要求和业务流程进行办理，于某某办理典当时提交了身份证、房产证，且房产证原件仍在某典当行处保管，履行了查验证件、实地勘察家访评估、签订合同、办理抵押登记、签署当票、放款、客户服务及续当等全部义务，办理业务时不知道房屋的共有情况，于某某完全没说过，亦不知晓婚姻情况，其已经善意取得房产抵押权。

【案件焦点】

1. 齐某某是否为案涉房屋共有人，于某某擅自抵押案涉房屋是否构成无权处分；2. 无权处分情形下，案涉房产典当抵押合同的效力如何认定；3. 因无权处分对已办理抵押登记的房产产生争议，某典当行是否对案涉房屋的抵押权构成善意取得；4. 某典当行是否能够预先扣除一个月综合管理费用，典期内息费的收取标准以及绝当后利息、罚息、综合管理费、违约金和其他费用的计算标准如何认定。

【法院裁判要旨】

北京市丰台区人民法院经审理认为：

1. 齐某某是否为案涉房屋共有人。本案中，304 号房屋虽登记在于某某一人名下，但购置于其与齐某某婚姻关系存续期间，应属于夫妻共同财产，于某某和齐某某共同对 304 号房屋享有所有权。

2. 案涉房产典当抵押合同、主债权及不动产最高额抵押合同是否有效。合同订立的当事人对于标的物是否具有所有权，并不影响合同的效力。于某某与某典当行签订的案涉房产典当抵押合同、主债权及不动产最高额抵押合同均系双方真实意思表示，未违反法律、行政法规的强制性、禁止性规定，亦无证据证明存在恶意串通情形，故应认定为合法有效。现于某某未依约偿还本息，应承担违约责任，合同约定的综合费用利率标准并无不当。故，某典当行要求于某某返还借款本金、支付利息 127500 元的诉讼请求，法院予以支持。

3. 某典当行是否对案涉房屋享有抵押权。当事人以所有权、使用权不明或者有争议的财产抵押，经审查构成无权处分的，人民法院应当依照《中华人民共和国民法典》第三百一十一条的规定处理。当事人善意取得其他物权的，参照适用《中华人民共和国民法典》第三百一十一条前两款规定。本案中，于某某对于 304 号房屋的抵押行为构成无权处分，某典当行已实际支付于某某当金，并办理相应的抵押登记，其是否构成善意取得的关键在于受让不动产时是否为善意，就本案，判断是否为善意的标准在于某典当行是否已尽到审查义务。

首先，物权登记并非确认物权的唯一依据。法律赋予不动产登记簿是物权归属的根据而非唯一确定的依据，仅作为一种权利推定依据，可能存在着真实权利状态与登记状态不一致的情形。某典当行不应仅仅依据不动产权属证书的记载情况，就认定案涉房屋为于某某单独所有，还应进一步对案涉房屋的权属进行核实。

其次，典当公司应负有严格的审查责任和义务。某典当行自 2017 年即取得了房地产抵押典当业务的相关许可，具有丰富的房地产典当经验，亦应具备相应的风险防控意识和审查能力。案涉合同约定的典当综合费用为每月 2.5%，明显高于一般的民间借贷利率上限，根据权利义务相对等原则，某典当行理应负有更为严格的注意义务和审查责任。根据《典当管理办法》第三十五条、《北京市典当行监督管理办法》第二十九条之规定，且根据合同约定，于某某应向某典当行提供房屋买卖合同书原件、房屋产权证原件、能够证明于某某对该房屋享有完全处置权的证明文件后，才能够将案涉房屋进行抵押典当。经询问，某典当行表示因疫情于某某并未提供其他材料，亦未出具其他书面说明或书面承诺。入户勘察时，某典当行已知晓屋内有其他人员居住，但并未询问同住人员案涉房屋情况。另，办理案涉典当业务时，于某某已年近五十岁，根据常理某典当行应对于某某的婚姻状况进行审查。

综上，某典当行对于案涉房屋的权属未尽到相应审查义务，故不构成善意取得，某典当行对于 304 号房屋不享有抵押权。

关于违约金，根据合同约定绝当后应按照合同约定继续支付典当综合费用和利息，某典当行认可其主张的标准过高、同意法院酌情调整，故法院根据合同约定及履行情况对违约金标准依法予以调整。

北京市丰台区人民法院依照《中华人民共和国民法典》第二百一十六条、第二百一十七条、第二百三十四条、第二百九十九条、第三百零一条、第三百一十一条、第四百六十五条、第五百零九条、第五百七十七条、第五百八十五条，《最高人民法院关于适用〈中华人民共和国民法典〉有关担保制度的解释》第三十七条，《中华人民共和国民事诉讼法》第一百四十七条之规定，判决如下：

一、于某某于本判决生效之日起七日内返还某典当行借款本金 1700000 元；

二、于某某于本判决生效之日起七日内支付某典当行利息 127500 元；

三、于某某于本判决生效之日起七日内支付某典当行违约金（以 1700000 元为基数，自 2023 年 4 月 13 日起至实际付清之日止，按全国银行间同业拆借中心公布的一年期贷款市场报价利率计算）；

四、于某某于本判决生效之日起七日内支付某典当行律师费 100000 元；

五、驳回某典当行的其他诉讼请求。

判决作出后，当事人均未上诉，现该判决已经生效。

【法官后语】

典当作为传统的一种融资方式，具有与一般贷款无法比拟的优势，具有方便、快捷特点，是民间短期融资、急需融资的重要途径之一。因无权处分签订房地产抵押典当合同或当物质押合同引发的纠纷日益增多，典当行在设立房产抵押权时应尽到哪种审查义务、综合管理费是否能够预先扣除、当期及绝当后息费标准的认定是典当纠纷常见的争议焦点。本案为解决以上问题裁判提供了具体指引，是较为典型的案例。

一、无权处分情形下，典当行“善意取得抵押权”之“善意”标准的认定

在无权处分情形下，抵押权人是否善意取得抵押权，应当符合《中华人民共和国民法典》第三百一十一条规定抵押权人在取得抵押权是善意的、房产以合理的价格抵押、房产抵押已经办理抵押权登记手续三个条件。其中“善意”的认定，应当对抵押权人在签订房产抵押合同、办理抵押登记过程中是否尽到了一般人应有的“注意义务”为标准。在房产抵押典当合同中，当事人以设立房产抵押权来获取当金，判断某典当行在设立抵押权时是否“善意”，应当站在某典当行的角度对其在典当合同中应有的“注意义务”和“审查责任”为判断标准。某典当行作为依法取得相关典当业务许可的金融机构，具有专业的典当经验和风险防控意识，其“注意义务”应当显著区别于一般人。人民法院在审查某典当行是否尽到了与其典当专业水准相匹配的注意义务和审查义务时，应从某典当行是否对产权登记情况、权属来源材料、占有使用情况、当户婚姻情况等进行尽职调查和审查的综合情况来判断设立抵押时是否为“善意”。

本案中，某典当行仅对当户的身份证、权利证书原件进行审查，未积极向房屋登记管理部门查询登记信息及档案材料，也未强制要求当户提供具有完全处分权的证明材料或房屋来源材料；在入户调查勘验过程中虽发现有同住人员，但未向同住人员核实当户同其他同住人员的关系和房屋产权情况；在当户已经

年过50岁的情况下，未主动询问及核实当户的婚姻状况，仅以抵押人未作意思表示即默认其婚姻状况，未及时察觉可能存在无权处分的情形。因此，某典当行存在疏忽大意乃至放任的故意，未尽到与其专业能力、与其收取高息的权利不相匹配的注意义务和审查义务，大大加大无权处分致使抵押权未设立的风险，即使房产办理了抵押登记手续，也不能善意取得房产的抵押权。

二、典当纠纷中典当综合费用是否可以预扣的认定

首先，应当明确利息和综合费用的区别。从法律规定上看，《典当管理办法》第三十七条规定，典当当金利率，按中国人民银行公布的银行机构六个月期法定贷款利率及典当期限折算后执行。《典当管理办法》第三十八条规定，典当综合费用包括各种服务及管理费用。房地产抵押典当的月综合费率不得超过当金的27‰。《典当管理办法》对二者均进行了规定，但叠加高于民间借贷利率的最高上限。从典当综合费用与利息的性质来看，利息属于资金占用期间的孳息，属于直接发生的损失范畴，而典当综合费用是对当物进行保管、办理保险等事务发生的费用，属于间接发生的损失范畴。由此，典当利息和典当综合费用应属于不同的范畴，均有相应的规定对其进行限制，综合费用为典当行经营业务所付出的服务、管理、劳务等的对价，与本金占有、使用、收益等权益无关，综合典当费用不适用于利息不得预先扣除的规定。

应当认为，综合典当费用的一次性扣除，侵害了当户使用当金的期限利益，造成典当行与当户的利益失衡。但收取综合费用作为典当行的一种惯例有其特殊性，在不影响当金使用的期限利益的情况下应当允许，故可认可典当行预先扣除当金发放第一个月的综合管理费用较为合适。

本案中，双方当事人开具当票、支付当金和支付首月典当综合费用均在同一天进行，当户认可当天收到全额当金，且当事人对综合费用预先扣除没有进行抗辩，因此预先扣除综合典当费用合法有效，法院认定的当金金额为170万元。

三、司法实践中对于当期内及绝当后息费标准的界定

对于典当期内的息费认定。典当行具有金融机构的地位，收取资金使用价

值是其主要业务来源。与银行业相比，当户所享有的权益远高于银行贷款中的权益。根据《典当管理办法》第三十八条的规定，房地产抵押典当的月综合费率不得超过当金的27‰。对于在典当期限内的息费，可以在当事人约定的范围内比照以上规定进行综合判断，不受民间借贷利率24%以及LPR四倍利率的上限限制。

对于绝当后息费标准的认定。北京市高级人民法院发布的通知，金融机构商事案件，无论是否为金融借款合同纠纷，一律参照适用《最高人民法院关于进一步加强金融审判工作的若干意见》第二条的规定，即债务人的融资利息、复利、罚息、违约金和其他费用总计不得超过年利率24%，不适用民间借贷司法解释规定的民间借贷利率标准。以此统一了涉金融机构商事案件利息、费用等总和计算裁判标准。因此，人民法院在认定绝当后典当行在收取典当期满后的息费时，应当按照利息、综合管理费、违约金的总和不超过年利率24%的标准来计算。

本案中，房产典当合同仅约定了典当综合费用，并未约定当金利息，无论是典当合同还是当票，约定的典当综合费用为每月2.5%即42500元，其并未超过《典当管理办法》规定的月综合费率不得超过当金的27‰的规定。因此，对于典当行主张的返还当金以及支付典当期限内利息的约定，法院予以支持。对于绝当后产生的息费及违约金等款项，如按照房产抵押典当合同的约定，综合管理费和违约金的计算利率已超过年利率24%的规定。典当行主张按照合同约定的每日0.5%的标准计算违约金，但其认可约定标准过高，并同意按照同期贷款利率计算违约金损失。故，法院在综合考虑合同约定及履行情况后，对违约金予以调整，按照全国银行间同业拆借中心公布的一年期贷款市场报价利率进行计算。

编写人：北京市丰台区人民法院　卢刘华　贾茜

ISBN 978-7-5216-5066-2

9 787521 650662 >

图书在版编目（CIP）数据

中国法院2025年度案例．借款担保纠纷 / 国家法官学院，最高人民法院司法案例研究院编．-- 北京 ： 中国法治出版社，2025．4．-- ISBN 978-7-5216-5066-2

Ⅰ．D920．5

中国国家版本馆CIP数据核字第2025TN5310号

策划编辑：李小草　韩璐玮　白天园

责任编辑：谢　雯　　封面设计：李　宁

中国法院2025年度案例．借款担保纠纷

ZHONGGUO FAYUAN 2025 NIANDU ANLI. JIEKUAN DANBAO JIUFEN

编者/国家法官学院，最高人民法院司法案例研究院

经销/新华书店

印刷/三河市紫恒印装有限公司

开本/730毫米×1030毫米　16开　　印张/12．5　字数/153千

版次/2025年4月第1版　　2025年4月第1次印刷

中国法治出版社出版

书号 ISBN 978-7-5216-5066-2　　定价：68．00元

北京市西城区西便门西里甲16号西便门办公区

邮政编码：100053　　传真：010-63141600

网址：http：//www．zgfzs．com　　**编辑部电话：010-63141790**

市场营销部电话：010-63141612　　**印务部电话：010-63141606**

（如有印装质量问题，请与本社印务部联系。）